奥黛丽·赫本传

AUDREY
HEPBURN

灵魂深处的优雅

〔英〕卡洛琳·琼斯 / 著　　曾桂娥 / 译

长江出版传媒

长江文艺出版社

内容简介

《灵魂深处的优雅——奥黛丽·赫本传》，是奥黛丽·赫本基金会授权传记。赫本儿子看过本书之后，感动落泪。本书于 2016 年获得 "惠特布莱德图书奖"。

20 世纪中叶，好莱坞黄金时期的众多电影明星中，没有人能与奥黛丽·赫本所诠释的现代风格相媲美。她超脱世俗、与众不同，她拒绝被贴上简单的标签。奥黛丽的魅力就好比蒙娜丽莎的微笑，你只可意会、不可言传。在她安静的外表下是惊人的毅力，以及她那低调内敛、毫无矫饰的优雅。

不管现在还是未来，人们永远被奥黛丽·赫本展现的天赋所折服。她的衣橱出奇地简单，一件小黑裙、一件白色轻纱上衣和一身雅致的套装。她的服装不一定都是最新款，但永远都是最合适的。

大街上的每一个人都在模仿奥黛丽，模仿她的发型、她的一颦一笑、她的言谈举止。每个人都想成为翻版的奥黛丽·赫本，她所创造的远远不只是一个电影形象，她成了优雅的化身。

作者简介

卡洛琳·琼斯，获得奥黛丽·赫本家人授权的英国著名传记作家，曾担任《泰晤士报》《巴黎时尚评论》主编。《灵魂深处的优雅——奥黛丽·赫本传》成为奥黛丽·赫本基金会授权传记。卡洛琳·琼斯因本书的出版，与赫本家族结缘，成为多年挚友。并因本书获得 "惠特布莱德图书奖"。

目 录
contents

蒙娜丽莎的微笑   7

芭蕾小淑女   15

永远的安妮公主   29

"奥黛丽"风格   41

一见倾心   57

优雅的秘密   69

《蒂凡尼的早餐》   79

时尚缪斯   93

巴黎时光   108

小黑裙   123

逐爱的女人   139

天使在人间   157

灵魂深处的优雅   167

蒙娜丽莎的微笑

"我对服饰的热爱变成了一种陋习，但它们的确是我体内的热情。"
1954 年奥黛丽·赫本在《龙凤配》的片场向记者如是吐露。

20 世纪中期是好莱坞的黄金时期，没有哪个年代的电影像这一时期塑造出如此多的经久不衰的时尚女主角。在这一时期的众多电影明星中，没有人能与英国女演员奥黛丽·赫本所诠释的现代风格相媲美。赫本因患癌症辞世，但她作为电影界、时尚界的偶像标杆地位仍继续享誉全球。事实上，"赫本"这个名字已成为一个被广泛认同的英语词语，它成为能唤起人们特殊记忆的代名词。时尚的赶潮儿频频用诸如"那太赫本了"这样的表达来描述一款独具韵味的小黑裙、七分裤或百褶裙。与此同时，赫本呈现的荧幕形象是一位优雅的不失天真烂漫的少女，虽然阅历丰富、见多识广但不失古灵精怪，她超脱世俗、与众不同，她拒绝被贴上简单的标签。正如她的导演朋友彼得·博格丹诺维奇所说："奥黛丽的魅力就好比蒙娜丽莎的微笑。你只可意会不可言传。"

赫本在公众视野穿行六十载，不管是作为好莱坞明星还是联合国儿童基金会特使，她向来是优雅的化身。不管身着纪梵希设

◁《龙凤配》剧照（1954）
她承认自己是一个时尚控。她身着纪梵希红色大衣，胸前口袋上的白色贵宾犬图样为她增添了些许灵动，着实光彩照人。

计的晚礼服还是随意搭配独具赫本特色的七分裤、高领衫、平底芭蕾舞鞋，她看上去总是一如既往地完美无瑕。英国近期一项民意调查显示，尽管奥黛丽·赫本人生最绚烂的时期已经过去六十年了，但她仍然是最受英国人喜爱的时尚偶像。

在如今这个年代，人们频繁且随意地给那些一夜成名的人士冠以"时尚偶像"的标签，然而这个称谓早已丢失了它原有的影响力，但赫本却时刻提醒着人们这个词的真正含义。娴静、现代，在保留其典型女性美的同时敢于探索具有更多男性特质的服饰。关于时尚，这位非科班出身的巨星的影响力经久不衰、难以模仿和超越。她那昂扬的面庞努力融合纯粹、舒适和优雅，创造出一个永恒的反欧式老练世故的形象，而这些品质恰恰是源于她性格中的一部分。奥黛丽的儿子西恩·赫本·费勒这样解释："她的风格是内在美的外延，这种美因生活的自律、对他人的尊重以及对人性的希望变得更具有说服力。"

1929年5月4日，奥黛丽在比利时出生。她幸免于二战的杀戮，在战争阴影中艰苦成长，恰逢经济高速增长，她又重拾乐观主义精神。和平时期的奋力拼搏和无边的野心对她日后的影响不可估量。

在后冲突的欧洲，尤其对女人而言，生活方式变化迅猛。多亏了战争，女人们在工作上获得了更多的独立，外出工作的女性在数量上较以往也明显增多。这种更加强烈的自由意识不由分说地也在时尚界刮起一阵旋风，奥黛丽的标志性装扮自然是这个活力四射时代的产品和象征。她的风格完美地展示了男孩的俏皮与女性的柔美、独立与性感的兼容并蓄。王薇拉曾说："奥黛丽是第

△这是一张 20 世纪 50 年代早期奥黛丽在摄影
棚拍摄的照片。这是她首次登台的造型，她自
己也颇为喜欢，照片中她留着标志性的的短刘
海，丝巾上打了一个小结，甚是可爱。

一位现代女性。服饰与她的灵魂和思想相互映照，要去协调好这三者，她冒着很大的风险。"

如今，奥黛丽风格早已渗透进我们的无意识中，以至于我们很轻易地就忽略掉这种打扮的内在革命性。这种反叛最早要追溯到 1953 年《罗马假日》中奥黛丽饰演的安妮公主，片中男主角是格利高里·派克饰演的美国记者乔·布莱德利。在那个一味追求丰满与曲线美的时代，海报上的玛丽莲·梦露和简·拉塞尔那凹凸有致的身材吸睛无数，但奥黛丽那精灵般的性格、婀娜的身姿和传奇服装设计师伊迪丝·海德为其量身定制的学院风服饰让她毫不逊色。导演比利·怀尔德认为奥黛丽很有潜质，于是让她在《龙

◁《罗马假日》中，奥黛丽白色衬衫的造型开创了女性"中性"着装的时尚风潮。

▷《蒂凡尼的早餐》，1961 年。奥黛丽饰演霍莉，乔治·佩帕尔特饰演作家保罗。

凤配》（1954）中出演她电影生涯中的第二个角色。他说："众多
汽车餐厅的服务员成了电影明星，于是演员内部也有了等级划分，
电影业出现了真正的干旱。她或许柔弱、纤瘦，可你一旦见到她，
你便知道你真的看见了希望。这是一种罕见的品质，但是天呐，
你也不知道你什么时候发现它的。"

　　凭借在《罗马假日》中的精彩演绎，奥黛丽顺利地迈进电影
业并成就了日后一系列经典电影。从 1948 年到 1989 年，她一共
拍摄了 27 部电影，其中包括电影史上无与伦比的《蒂凡尼早餐》
（1961）。持久的不光是电影，还有她和设计师休伯特·德·纪梵
希的合作，《罗马假日》预示了这段终身合作的开端，当她穿着纪
梵希设计的晚礼服参加 1954 年奥斯卡颁奖典礼时，纪梵希就清楚
地知道她将成为他的灵感缪斯。

在接下来的几年里，通过她在电影以及众多的时尚杂志的露面，我们不难看出奥黛丽将束腰裙、小黑裙、一字领舞会裙提升到新的时尚高度，这也为她赢取了1961年国际最佳着装名人榜名人堂中的一席之位。从那时起，她那历久弥新的风格便在时装界占据了一定的地位。

2006年，因《蒂凡尼早餐》而"声名显赫"的纪梵希小黑裙以46.72万英磅（约合66.5万美元）的高价出售，这也是有史以来电影戏服拍卖的最高价格。尽管这数目对于大多数的时尚赶潮儿来说都是难以企及的天价，但不可否认，全世界的女性都坚信能穿上奥黛丽的同款是攀爬到时尚巅峰的象征。

奥黛丽一贯谦逊，她会认同这条价格不菲的裙子的内在价值，认为电影的成功很大程度上得益于服装。毕竟在把这个天生害羞的年轻女士带出她那狭小的保护壳的过程中，时尚所扮演的角色功不可没。简单地来说，时尚改变了她。奥黛丽曾说："人们常说人靠衣装。对我而言，服饰的确给了我莫大的信心。"

是谁第一个发现了这个秘密？那个人必定是赫本最心仪的服装设计师纪梵希。纪梵希这样描述道："她赐予了服装生命，她有一套方法将她自己安顿在衣服里，我从来没见过其他人这样，自从……神奇的事情发生了，她突然感觉良好，你可以感受到她的激动和喜悦。"我们十分庆幸，这个神奇的力量一直存在，它超出肉眼的可视范围，也超出奥黛丽自己的感知，它激发并鼓舞着我们所有人坚持不懈地努力，追随着她的时尚步伐并效仿她的风格。

▷奥黛丽身穿《蒂凡尼的早餐》中经典款纪梵希黑色连衣裙。

芭蕾小淑女

在日后的岁月里，奥黛丽·赫本还会时常想起当她还是个孩子时纳粹占领荷兰时的悲惨生活，这期间她所经历的苦难对她日后的工作习惯和人生观都有着深远的影响。战时的营养不良和极度贫困不仅促成了她强大的同情心，也形成了她的独特的服装风格。迫于当时的窘困，她不得不用任何能找到的碎布片来做衣服，简陋的材料大大增加了设计的难度，却开发了她的创造力并让她致力于简洁大方的风格。在生活中，通常她都保持低声说话的习惯，但是在她安静的外表下是钢铁般顽强的意志和惊人的毅力，而这也都证实了战争给她带来的挣扎和磨砺。

1929 年，英国人约瑟夫·维克多·赫本·拉斯顿与荷兰女男爵艾拉·凡·赫姆斯的女儿奥黛丽·凯瑟琳·赫本·拉斯顿在布鲁塞尔降生。据说伊丽莎白女王一世在见过奥黛丽之后对她那纯粹利落的英式口音和无可挑剔的社交礼仪点头称赞，并对女儿伊丽莎白说道："她是我们其中的一员。"尽管奥黛丽出身显赫贵族家庭，但是她的美好生活在她出生后不久就被家庭分崩和国家冲突给击得粉碎。她的父亲在她六岁时离家出走，用奥黛丽的话来说"这

◁ 1951 年，奥黛丽第一次登上纽约百老汇的舞台，出演了红极一时的舞台剧《金粉世家》，在后台她将脸颊亲昵地贴在她可敬的母亲荷兰女男爵艾拉·凡·赫姆斯的脸颊上。

是我人生中最大的创伤"，之后年幼的她被送往肯特一家寄宿式学校。1939 年战争爆发，9 岁的奥黛丽又开始了漂泊。她不得已离开了她就读的英格兰学校，继而被送往看似更为安全的荷兰，毕竟那里是她母亲的故乡，就在人们都认为荷兰会在这场战斗中保持中立时，德国于次年入侵，奥黛丽和她的家人都被围困在阿纳姆。

在纳粹占领期间，奥黛丽一家和其他荷兰家庭一样处于水深

火热之中，她目睹了德国人的残酷屠杀，她舅舅也是其中的受害者之一，她的哥哥被囚禁，她和母亲不得不藏身地窖长达一个多月之久。她后来回忆道："我们失去了所有：我们的房子，我们的财产，我们的钱。但是我们并没有妥协，关键是我们挺过来了。"

德国人垄断了食物和燃料供给，这使得成千上万的荷兰人连最基本的温饱都成为奢求。奥黛丽后来谈到她当时如何

◁ & ▷ 这三张照片大约拍摄于
1946 年，由于战争缘故奥黛丽被
困荷兰阿纳姆，不过那时她已经
接受过专业的芭蕾舞训练，她秘
密地为小部分富有同情心的观众
表演，为荷兰反抗军筹资。

在那样的情况下幸存，除了慈善机构捐赠的食物外，她将郁金香球茎磨成粉，再用其做成面包充饥，匮乏的食物导致了她营养不良和日后虚弱的体质。但她从来没忘记联合国儿童基金会对她的援助，晚年她乐此不疲地作为该基金会大使向

◁ 20 世纪 40 年代后期至 50 年代早期，奥黛丽是伦敦合唱团中的一员，图片中她身穿黑色渔网丝袜、白色波点短裤以及一件紧身连衣裤，脚踩芭蕾舞鞋，摆出一个芭蕾舞造型，仪态优美。

▷ 奥黛丽和歌手让·贝利斯一同在西罗俱乐部现身，她们二人于 1949 年在音乐剧《靼靼酱》中同台演出。

社会回馈这份恩情。

　　经历了种种动荡，奥黛丽开始踌躇不安地走上舞台。她自 5 岁起便开始学习芭蕾舞，她对舞台的热爱鼓舞着她在战争时期秘密演出，为荷兰游击队抗敌募捐。

　　1948 年，奥黛丽 19 岁，她返回战后伦敦，奔赴享有盛名的玛丽·兰伯特芭蕾舞蹈学校。希望追随自己的偶像玛戈·芳婷继续学习芭蕾，可是过高的身高（170cm）注定她与首席芭蕾舞者失之交臂。她的舞蹈梦破碎了，可她并没有停下前进的脚步。她开始接一些模特工作或饰演一些需要舞蹈功底的角色，她还在伦敦赛马场上演的滑稽舞台剧《高跟纽扣鞋》中扮演合唱团中的一员。

△作为一位世界巨星，奥黛丽也曾在《天堂笑语》（1951）中扮演一个无足轻重的"卖烟女郎"，正是她的出色表演让她从无名配角中脱颖而出。

▷电影《少妇故事》（1951）剧照，奥黛丽在这部爱情喜剧中出演房客伊芙·莱斯特，她与琼·格林伍德和奈杰尔·帕特里克饰演的角色卷入一场三角恋。

制片人赛希尔·蓝道将年轻的奥黛丽从合唱团中挑选出来，每周付给她 8 英镑让她在滑稽剧《鞑靼酱》（1949）每一幕开始前举着标题牌走过舞台。她俏皮的笑容、大而明亮的眼睛给观众留下了深刻的好印象。这些好感也为她在续篇《开胃酱》(1950) 中赢取了更大的角色和更多的片酬，她渐渐在一些喜剧小品中证明了她的演技。

1950 年，英国最大的电影公司之一英国联合影业公司以自由女演员的名义将奥黛丽招到麾下，她由此在英国电影银幕上小有名气。一开始她出演的角色多为小角色，但在演"宾馆接待员"这类角色时也会与主演有对手戏。在她早期众多角色中较为有名的是饰演《天堂笑语》（1951）中的"卖烟女郎"，直到在《少妇故事》（1951）中她才获得一个有正式名字的角色。但奥黛丽并非注定是一个徒有姿色的群众演员，1952 年她获得了她人生中颇具分量的

两个角色，这两部电影后来也被冠以"奥黛丽·赫本电影"的称号。
她在《双姝艳》（1952）中扮演一位芭蕾舞演员，在《去往蒙特卡罗》
（1952）又名《蒙特卡罗宝贝》中扮演一位被宠溺的女演员。

　　这部英法喜剧标志着赫本职业生涯的转折。电影中的主要场

△英法喜剧《蒙特卡罗宝贝》（1952）
的电影海报，该片中奥黛丽饰演一位被
宠溺的女演员。该电影以法语名字《去
往蒙特卡罗》在电影院上映，正是在拍
摄这部电影期间，赫本被伯乐法国作家
科莱特发现。

▷在伊林黑色电影《双姝艳》
（1952）中，奥黛丽饰演一位
芭蕾舞女郎诺娜·布伦塔诺。
奥黛丽自五岁起练习芭蕾，这
个角色非她莫属。

◁《金粉世家》剧照，奥黛丽饰演"琪琪"。

▷奥黛丽与著名法国小说家科莱特依偎在一起，照片中科莱特已年近8旬，她的中篇小说《金粉世家》被成功改编成一部同名舞台剧并计划搬上百老汇舞台，她亲自挑选奥黛丽作该剧的女主角琪琪。

景在位于法国蔚蓝海岸上的巴黎酒店大厅拍摄，当时小说家科莱特正在那儿漫不经心地打量着片场，为她即将进军百老汇的中篇小说《金粉世家》寻觅女主角，赫本毫无疑问是幸运的。第一眼见到奥黛丽，她就迫不及待地向这个初涉影坛的小演员宣布道："你就是我的琪琪！"小说家的独具慧眼预示着该剧连续六个月的卖座以及不久后这个留着短刘海的天真女孩在百老汇掀起的一阵旋风。年仅22岁的奥黛丽作为一颗闪耀的新星在影视业崛起，好莱坞也向她发出了邀请。

值得一提的是，即使在那些早期的小角色或龙套中，奥黛丽

SOUVENIRS DE
THEATRE

PLON

仍能脱颖而出。她成功的原因一部分在于她能较早地意识到一个
角色是否适合她，在那段初出茅庐的时间里她已经开始塑造她特
有的风格。

尼古拉斯·达纳是《高跟纽扣鞋》中奥黛丽众多舞伴中的一个，
据他说，奥黛丽对服装的敏感早就显露。1948 年，那时奥黛丽还
仅仅是一名默默无闻的合唱团中的一员，达纳一边回忆一边描述
赫本的衣橱："她只有一条裙子，一件衬衫，一双鞋，一项贝雷帽，

但是她有 14 条围巾。她就用这些为数不多的服饰和装饰品装扮自己，这让人难以置信。她对着装有着一种与生俱来的天赋。"

与同时代的女星高调浮夸的性感不同，奥黛丽的魅力在于她那低调内敛、毫无矫饰的优雅。不同于那个时代的其他偶像，奥黛丽的风格不依赖电影公司的打造，她的风格是如此的自然。她的独特气质来源于低调优雅的贵族式家庭教养以及她多年的芭蕾舞学习，舞蹈对她的举手投足产生了终身影响，也赋予了她假小子般有力的身材和舞者的优雅。身为一名顶尖国际巨星，奥黛丽·赫本很快引领了全球时尚。

◁ 1951 年舞台上的奥黛丽，她正在演绎琪琪一角，这是赫本当时出演过最重要的角色。故事是时下盛行的灰姑娘主题，这也是奥黛丽多次演绎的主题，讲述了一个打扮得花枝招展的巴黎交际花幻想着一个钻石王老五与她坠入爱河并娶她为妻的故事。

▷ 1951 年奥黛丽在伦敦西区用餐，那时她正处于盛名的边缘，不久好莱坞将其打造成有史以来最伟大的电影明星之一。

永远的安妮公主

在即将赶赴百老汇出演琪琪一角时，派拉蒙影业伦敦办公室致电奥黛丽经纪人，协商让奥黛丽出演一位出逃的欧洲公主：天真烂漫，摆脱保安只为探索罗马的一夜辰光。当导演威廉·惠勒看到她的试镜片段时，立马被她的高贵气质吸引了："她就是我寻找的一切，富有魅力，天真烂漫，天赋异禀。"

《罗马假日》（1953）是奥黛丽的大银幕处女秀，这部电影也让她一夜成名。惠勒的诙谐喜剧自然是一场名副其实的视觉盛宴。首先，该片是好莱坞第一部全部镜头采景于意大利的电影，故事发生在全世界最美丽的城市之一罗马。除此之外，著名服装设计师伊迪丝·海德的别出心裁的设计为其锦上添花。这次，在迷人雅致的环境里奥黛丽不再饰演灰姑娘，而是一位公务缠身的公主，她厌倦了宫廷的繁文缛节，策划逃出宫殿，过上一天平民的生活。她在特莱维喷泉对面的理发店剪去了长发、骑上小摩托在城市里游逛，还爱上了由格利高里·派克饰演的小记者。

在开拍之际，奥黛丽坚持参与安妮公主的服装设计。她将传奇服装设计师海德的设计图寄回并附上自己的建议，她写道："为

◁这是标志着奥黛丽影视生涯重大转机的电影《罗马假日》（1953）的海报，该片由威廉·惠勒执导，奥黛丽与格利高里·派克主演。奥黛丽在影片中饰演一位落跑的皇室公主。想一睹罗马美景的她独自溜出皇宫，沿途坠入爱河。

◁ & ▷ 奥黛丽出身贵族，威廉·惠勒十分欣赏她那与生俱来的欧洲皇室的优雅和沉着，而这两点在好莱坞却极为稀有。他确信她戴上珠宝和皇冠一定会自然得体，她选定奥黛丽出演《罗马假日》中的安妮公主也在情理之中。

了更好地呈现电影中安妮公主的罗马狂欢，她的服装风格需要更加简洁的领口、更宽的腰带、更平的鞋子。"（安妮公主的原型实则为英国玛格丽特公主，电影有意反映她沉迷于儿女私情）电影中出现的服装一经出现在公众视野便风靡欧洲，甚至影响了那一代的女性审美。她们竞相模仿奥黛丽那集时尚与简洁一体的风格，即使在今天，这经典的造型依旧备受欢迎。安妮卸下那带有皇室气息的水晶吊坠项链和塔夫绸连衣裙，这个满脑袋里都是奇思妙想的可人儿偏爱更加大众、并符合20世纪50年代普通人的打扮。

△ & ▷ 奥黛丽在《罗马假日》中恰如其分地展现出
的皇家风范成就了她的完美演绎，大气不失时尚与
现代。在电影游玩镜头中她穿的是典型的 20 世纪
50 年代的服装，一条中长款圆形裙、一件纯白衬
衫搭配一条丝质围巾。

安妮公主在罗马街头闲逛时出镜率最高的那身装扮让人顿时眼前一亮，她身穿一条系腰带的蓝色百褶圆形裙，凉鞋由几根细皮革交叉而成，做工精美且独具一番罗马角斗士风情，上身是一件合身无袖棉衬衫，搭配一条色彩明亮的印花围巾，随意地打个小结，尽显活泼朝气。

在意大利拍摄期间，奥黛丽结识了皮鞋设计师萨瓦托·菲拉格慕，当时他已是好莱坞当家花旦索菲亚·罗兰、艾娃·加德纳、劳伦·白考尔的御用设计师。菲拉格慕的设计款式精美，奥黛丽一生都是他的"忠实粉丝"。他在 1954 年还专门为她设计了一款只有一根缎带的芭蕾舞平底鞋，奥黛丽对这款鞋情有独钟，至今仍是该品牌的畅销款之一。

◁奥黛丽在意大利拍摄电影时结识了意大利著名皮鞋设计师萨瓦托·菲拉格慕，奥黛丽激起了他的创作灵感并用她的名字命名了一双鞋，左图为奥黛丽与萨瓦托·菲拉格慕的儿子马西莫·菲拉格慕在 80 年代的合影。

▷《罗马假日》赫本在剧中的短发，成为经典时尚。

△比起《罗马假日》中的公主，《龙凤配》中的塞布丽娜对道德品行的把握要难得多，但奥黛丽的拿捏尺度可谓完美。

▷《龙凤配》剧照，奥黛丽·赫本与威廉·霍尔

《罗马假日》票房大卖，与此同时奥黛丽塑造的第一个银幕形象给后世留下了深刻印象，不管是与奥黛丽同一时期还是自奥黛丽之后的女星都鲜有这样的影响力。男主角派克在拍摄期间就觉察到奥黛丽的异禀天赋，他一再坚持认为奥黛丽是这部电影的真正主角，她的名字应在宣传海报中的主要位置。但对于一个不知名的女明星，如此的"恩典"在好莱坞是前所未闻的。但派克的

◁奥黛丽一袭素净大方的白色蕾丝束腰礼服，全程微笑着参加 1954 年奥斯卡颁奖典礼，她荣获最佳女主角金像奖。

▷ 1953 年《罗马假日》首次在纽约公演，炙手可热的新星奥黛丽和好莱坞的众明星齐聚一堂。她左边是赫赫有名的作词家科尔·波特，右边是大名鼎鼎的作曲家欧文·柏林。

直觉是对的，奥黛丽的出色表演让评论界和公众都对她刮目相看。奥黛丽凭借该电影横扫各项大奖，其中最高荣誉自然是 1954 年的奥斯卡最佳女主角金像奖。同天晚上，她还获得非官方最佳着装殊荣，那天她身穿一袭白色纪梵希晚礼服，这是她和纪梵希长达一生的伙伴关系的美丽开端。

奥黛丽在好莱坞和时尚圈的影响异军突起。一夜之间以性感、火辣身材为傲的审美标准被判出局，每一个女孩都幻想拥有那精灵古怪、男孩子气十足的样貌。正如《龙凤配》导演比利·怀尔德戏说的那样："这个女孩可以翻云覆雨，她可将衰败之物复兴！"甚至连导演的女儿奥黛丽·怀尔德也颇为赞同父亲的说法，并补充道："奥黛丽来到镇上，镇上所有的人恨不得立马减掉十磅！"

"奥黛丽"风格

随着《罗马假日》的一炮走红,派拉蒙影业立即着手为他们的新晋宠儿签下了七部电影的片约合作,第一部便是比利·怀尔德的《龙凤配》(1954)。这个令人心驰神往、经典浪漫的童话故事奠定了奥黛丽在演艺圈的地位,为她再一次赢得奥斯卡最佳女主角提名,并一举造就了这位时尚偶像。

在《龙凤配》中,奥黛丽饰演的"萨布丽娜"是一位司机的女儿,父亲为一位房地产商开车,片中她爱上了雇主家的二儿子,而那位放浪形骸的花花公子却从未正眼看过她一眼。但她从巴黎学成归来后,整个人发生了由内而外的蜕变,她的成熟自信让他为之神魂颠倒。一件船领鸡尾酒晚礼服和七分裤将她衬托得高挑迷人,脚上的绗缝皮面芭蕾舞鞋让她看上去轻盈自在,头上的薄绸褶皱头巾又为她增添了几分高贵。赫本神奇地成功转型,从一位端庄天真的少女化身成一位时髦雅致的巴黎女人。

这部电影标志着奥黛丽与法国服装设计先驱休伯特·德·纪梵希终身友谊与合作的开始。因《罗马假日》(1953)和《龙凤配》(1954)中大胆新颖的服装设计,伊迪丝·海德连续两年获得了奥斯卡最佳服装设计奖,当时纪梵希在海德掌管下的戏服部门工作,

◁电影《龙凤配》(1954)的海报,该片讲述了一个麻雀变凤凰的爱情故事,票房大卖。这是奥黛丽出演的第二部电影,片中她与威廉·霍尔登和亨弗莱·鲍嘉同台飙戏。

拿奖的虽是海德，而事实上《龙凤配》中赫本那套惊艳全场的服装正出自纪梵希之手。如果说《罗马假日》让奥黛丽走进了公众的视野，那么《龙凤配》可谓将她时尚俏皮的模样搬上了国际银幕。

当灰姑娘萨布丽娜"变形"、从巴黎归来抵达雇主家宅邸时，便立即吸引了由威廉·霍尔登和亨弗莱·鲍嘉饰演的莱勒比兄弟的眼球，他们内心万般懊恼当初忽略了这个近在咫尺的美人儿。

◁这是《龙凤配》的剧照。奥黛丽是巴黎时尚的缩影，她留着短发穿着黑色七分裤，一双芭蕾平底鞋，一件黑色长袖上衣，简单大方。

△即使是那个土里土气的司机女儿萨布丽娜，她那男孩子气中渗透出的优雅早已初露端倪。

身穿纪梵希的最新设计单品，奥黛丽的出场惊艳四座：一袭白色无肩带束腰长裙的她宛若从云端走下来的仙子，蝉翼纱的轻薄平添了几分妖娆，紧身上衣、裙摆、裙裾上的黑丝刺绣和黑珠钉点缀尽显高贵雍容，层层叠叠的裙裾和裙摆边缘褐色褶皱衬托出她的典雅端庄。正如纪梵希所说："尤其是当她一颦一笑或是翩跹起舞时，整条裙子好似被赋予了生命。"

◁从巴黎归来后萨布丽娜去参加一个舞会，她成了众人瞩目的焦点。她身着纪梵希蝉翼纱丝质礼服，点缀以精致的黑色刺绣，手牵贵宾犬，甚是俏丽可爱。

▽两兄弟为夺美人芳心，向萨布丽娜大献殷情（两兄弟由威廉·霍尔登和亨弗莱·鲍嘉饰）。奥黛丽看上去腼腆害羞，身上穿的是不久后就被疯狂模仿的黑色船形领缎面裙。

萨布丽娜另一件黑色绸缎晚礼服也十分出彩。这条露背裙左右肩膀两边各有一个蝴蝶结，背部深V开叉延长到腰部，腰身处收紧，裙摆慢慢打开，俏皮与性感共生。然而，这条裙子最引人注目的地方是深挖的袖孔和裁剪得当的一字领口，这一款式开创了一个新的名词，纪梵希解释道："原来被称作船领的样式在这之后更名为'萨布丽娜'露肩领。"他说："奥黛丽十分喜爱这种领口，这样就能很好地扬长避短，遮住了她因瘦弱而突出的锁骨，却很好地凸显了她的美肩。"

奥黛丽出现在火车站那一幕所穿的服装让她光彩照人。当镜头聚焦到萨布丽娜，她在空无一人的月台上独自踱步，优雅美丽却形单影只。她在纪梵希设计的套装和帽子里散发着时尚的气息、震慑众人，一只小型贵宾犬蹲在她脚边，它那银灰色的鬈毛与她的整套服饰色调十分融洽。同一年《名利场》杂志这样描述："这件长至小腿的牛津灰羊毛粗直棱织大衣，对襟低圆领，腰部收紧，裙摆开叉恰到好处，尽显大气端庄还透露出丝丝女人味儿。"时尚赶潮儿们难免不为之疯狂。

该电影编剧欧内斯特·莱曼也因他那灵性生动、妙趣横生的剧本荣获奥斯卡提名。他说："我难以想象在之前的电影中像这样竭服装之功用来打造电影画面的，这是一个真正的突破。《龙凤配》

▷赫本正在酝酿下一个场景的拍摄心情，她需要将一个悲伤、时尚的萨布丽娜在空荡的站台上茕茕孑立的样子表现得淋漓尽致。她一身素雅的纪梵希套装，搭配一顶纯白色的帽子，看上去冷静智慧。

AUDREY
HEPBURN
FRED
ASTAIRE
PRESENTED IN A REAL NEW DIMENSION
IN MOTION PICTURE ENTERTAINMENT.
FUNNY
FACE
KAY THOMPSON

中的服装确定了她在人们心目中时尚鼻祖的经典形象。当然，她在《龙凤配》中的穿着打扮对她日后饰演的角色也有一定的影响。毫不夸张地说，如果她没有亲自去巴黎找纪梵希，她也许拿不到《蒂凡尼的早餐》中的角色。"

不久后，"奥黛丽效应"随处可见。正如20世纪50年代纪梵希的导师德雷达·米尔所说："大街上的每一个人都在模仿奥黛丽，模仿她的发型、她的一颦一笑、她的言谈举止。每个人都想成为翻版的奥黛丽·赫本，她所创造的远远不只是一个电影形象，她成了一代人的化身。"她受到圈内的广泛认可，这让她轻松拿下《战争与和平》（1956）的片约。她的经纪人库尔特·弗林斯将她的片

◁这是一张《甜姐儿》（1957）的海报，这部风靡一时的浪漫音乐剧由弗雷德·阿斯泰尔和奥黛丽·赫本领衔主演，斯坦利·多南执导。

▷在《甜姐儿》中奥黛丽饰演颇具书卷气的乔·斯托克顿，一位摄影师"发现"了她并将她打造成为一名顶级时尚模特。

酬提到 35 万美元，在那时，这样的高价毋庸置疑将她确定为世界上最高片酬的女明星。她对此感到不安，对经纪人说："我不认为自己值这样的高价，这不可能，请不要对外这样宣传。"这部由托尔斯泰长篇小说改编的电影由她与当时的丈夫梅尔·费勒联袂出演，电影口碑毁誉参半，准确来说是一部票房毒药。然而这部电影给奥黛丽带来的事业的低潮并没有持续很久，同年拍摄的《甜姐儿》（1957）大获成功，算是及时的救命稻草。

△这是在《甜姐儿》（1957）的拍摄片场，奥黛丽正准备下一场景她在巴黎杜丽乐花园中欢快奔跑的戏。戏中身为模特的她正要进行封面拍摄，她身穿一件黑色纪梵希盖袖裙，头戴一顶黑帽，手上举着气球，快乐洋溢。

▷这是一张来自《甜姐儿》中非常有名的"疯狂"跳舞的照片，奥黛丽穿着朴素，上身是一件简单大方的黑色高领毛衣，下身是一条七分裤，脚踩一双萨瓦托·菲拉格平底鞋。

◁奥黛丽饰演乔，她身穿纪梵
希朱红色礼服，黑白碎花散落
点缀，落落大方，在巴黎与她
的摄影师男友共度浪漫良宵。

▽《甜姐儿》中奥黛丽·赫本
饰演的乔身穿纪梵希中长款婚
纱唯美动人，她与摄影师迪克
（弗雷德·阿斯泰尔饰）步入
婚姻殿堂。多年后每一个女性
都梦寐以求能在婚礼上穿这样
一件婚纱。

11520-29

《甜姐儿》是好莱坞一部经典的音乐舞台剧，由殿堂级大师乔治·格什温和艾拉·格什温作曲，《雨中曲》的导演斯坦利·多南执导。该剧背景设定在高雅时尚的杂志世界，全剧展现了巴黎都市生活和纪梵希女装的完美融合，紧紧抓住了新兴垮掉一代的颓靡风格。奥黛丽饰演的书店店员乔·斯托克顿泰然自若地经历了从小店员到时尚模特的转变，她的表演令人心情愉快。"巨星的诞生"那一章节的描述实则是一个精妙的暗喻。生活总是仿照着艺术，这无不预示着她的一举成名。在电影开头，斯托克顿打理着格林威治村的书店，她是一位轻松自在、时尚而不自知的店员。一天，机缘巧合，她被一家杂志编辑相中，这位编辑和一个温文尔雅的时尚摄影师（该角色由弗雷德·阿斯泰尔饰演）策划将她打造成一个满怀自信的封面女郎。导演多南清楚地认识到她时尚偶像的定位，他确保在浪漫的巴黎拍摄外景时观众能欣赏到她每一个漂亮的姿势。其中一张照片是她穿着一身短款套装，头戴一顶草帽坐在游艇上钓鱼的场景，塞纳河的美景衬托着她的闲适。还有一张是她身穿一条黑色盖袖裙，头戴一顶黑帽，手上举着五颜六色的气球欢快地跑过杜乐丽花园，巨大的色彩反差营造出一种更为强烈的青春盎然气息。最令人惊艳的那张照片是当她穿着红色的抹胸缎面礼服搭配同色的纱质披肩以胜利女神的姿态从台阶上欢快地跑下来时，她身后的红色飘纱迎风飞扬，她的热情瞬间充斥了整个罗浮宫。

　　她身上有一种高雅的魅力，但经典的"奥黛丽"风格亦给人一种标志性的假小子气，例如她钟爱的高圆领毛衣配上黑色七分裤和皮便鞋，以及后来成为奥黛丽标志性的米黄色双排扣大衣，无不走着中性路线。但这并不是否认华丽的晚礼服让她成为巴黎午夜聚会的焦点，那是一套精致的高定纪梵希朱红色礼服，搭配一双白色长款手套，尽显典雅。但在《甜姐儿》中最华丽的服装当属那套纪梵希婚纱，它努力兼顾婚纱的经典美感和超现代的时尚元素，裙长及胫骨，宽下摆的白纱，上装腰部窄紧，与奥黛丽钟情的平窄领口相得益彰，白色面纱别在奥黛丽的高髻上用一个小小的蝴蝶装饰结堪称完美。这款婚纱在整个 20 世纪 50 年代后期的婚礼上红极一时，这毫不意外。

拍摄《黄昏之恋》(1957) 时，奥黛丽与《龙凤配》的导演比利·怀尔德再度合作，该片延续前一部电影的风格让观众大饱欧洲时尚服装的眼福。片中奥黛丽饰演一位涉世未深的学生艾莲·夏弗，她有着浑然天成的学院气息和女性独特的迷人气质。与之前

◁《黄昏之恋》(1957) 中奥黛丽饰演一位衣着笔挺的大提琴演奏家，她对服装的驾驭能力从此可见一斑。她让这样一套男孩子气十足的粗花呢正装夹克和裤子同时兼具可爱、性感和优雅。

▷《甜姐儿》中最吸引人的一组镜头。

的电影一样，纪梵希服饰的登场迎来了电影中的时尚高潮，艾莲穿着纪梵希高级女装现身歌剧院，她身穿一件白色细网眼花边长舞裙，腰间别有一个青绿色的真丝蝴蝶结。但最经典的是那裙摆微张的印花棉质背心裙，以及她一直青睐的棉质条纹七分裤、纽扣领衬衫以及精美的糖果色针织开襟羊毛衫，这些单品秉承着对日常服饰的考究，这就要追溯到《罗马假日》中的日常装扮了。这些别具一格的打扮逐渐浓缩成典型的奥黛丽风格，不仅如此，在全球任何地方都可以买到赫本款，全世界女性痴迷于模仿赫本长达半个多世纪之久。

一见倾心

　　1953 年夏天，奥黛丽正在拍摄她的第二部电影《龙凤配》，导演比利·怀尔德让奥黛丽前去巴黎去设计师休伯特·德·纪梵希那儿挑选几件戏服。怀尔德让奥黛丽在电影中穿一些大牌设计师的作品，他希望电影中丑小鸭变白天鹅的时候能给观众带来一种目不暇接的感觉，原先木讷的司机女儿摇身一变，成为时髦有品位的巴黎女郎。怀尔德将一个非同寻常的电影创意元素托付于奥黛丽，他让她从纪梵希的春夏系列服饰中任意挑选。于是带着对时尚的一腔热情，她好像逛糖果店的小孩儿一般无忧无虑地挑选戏服，对每件设计都爱不释手。在这儿她结识了一位终身的合作伙伴，从此在人生的旅途中和他一起珠联璧合。

　　休伯特·德·纪梵希仅仅比奥黛丽大两岁，虽说两人第一次见面时他也只不过是个毛头小子，但一年半以前他已经创办了自己的工作室，他的精致设计也获得了广泛称赞。后来奥黛丽在接受《时尚》杂志采访时向苏珊·特雷恩坦白说：直到见到纪梵希，她才第一次见到高级女装，更不用说穿了。八年前她还身处战时荷兰，那时她给自己做衣裳；然而在这儿，她身处设计师的工作

◁ 1988 年，在加利福利亚比佛利山庄，奥黛丽与时尚设计师休伯特·德·纪梵希合影。1953 年奥黛丽为电影《龙凤配》(1954)挑选戏服时，他们在巴黎初次见面，历经 35 年，他们的友情之花开得更为绚烂。

室里，而这个设计师的裙子单价高达上万美金。

纪梵希从未听说过当时初出茅庐的奥黛丽，他甚至误以为这个前来拜访的女明星是当时名气碾压奥黛丽的凯瑟琳·赫本，后者曾在《费城故事》中有出色演出。第一眼见到奥黛丽走进他工作室时，纪梵希的心情用"错愕"二字来形容也毫不为过。他自己在后来如是形容奥黛丽："这个纤瘦的人儿有着漂亮的眼睛和浓密的睫毛，留着短发，身穿一件短小的T恤衫和一条紧腿裤，踩着一双平底芭蕾鞋，轻盈盈地走进来。她头上戴着一顶船夫草帽，上面飘着一根红色的缎带，上面还用意大利语写着威尼斯。我当时心想："这也有点太浮夸了吧！"

纪梵希工作室当时的助理德雷达·米尔对奥黛丽则不吝赞美，他用了一连串的华丽辞藻来形容奥黛丽的来访："她就像夏花的到来。她闪闪发光，不管是身体上还是精神上她都容光焕发。我立即感受到了她那由内而外的可爱。尽管她出乎意料地出现在纪梵希面前，但毋庸置疑他们命中注定会相见。"

也许赫本对于时尚设计一知半解，但是她带着与生俱来的独特个人风格，她对自己能驾驭的风格十分明确，但是没有人能将赫本准确地归类于哪一种特定的风格。米尔极为认同上述观点，他说："奥黛丽总是非常相信她自己的审美，对自己的容貌也十分了解。她认为纪梵希能给予她形象上的帮助，因此专程过来。她

◁奥黛丽与导演比利·怀尔德在《龙凤配》的拍摄片场。她身穿一件唯美婉约的纪梵希蝉翼纱礼服，上面绣着黑色丝绒花朵和白色串珠，让她显得愈发超凡脱俗。她曾穿着这身华服在舞台上闪亮登场，令在场的其他所有女人黯然失色。

▷奥黛丽身穿纪梵希白色蕾丝礼服。1954年她穿着这套礼服领取当年奥斯卡最佳女主角金像奖，同年再次穿上这件礼服出席阿姆斯特丹的一个慈善时尚演出。

完全融入了纪梵希的设计，也从此走进了他的梦。我不得不再重复一遍：他们为彼此而生。"

自从他们第一次见面后，纪梵希本人也经常热衷于夸赞奥黛丽是多么地享受设计："奥黛丽经常给服装在某处打个结或是添加一些活泼、有趣的元素。当然我会给她一些建议，但是她非常明

▽《甜姐儿》（1957）是奥黛丽拍摄的另一部50年代电影。照片中她身穿束腰舞会裙，浅朱砂色长裙上绣着朵朵黑色雏菊，搭配一双长至肘部的白色绸缎手套，尤显恬静气质。

▽该图出自时尚电影《甜姐儿》，奥黛丽正在摆拍。奥黛丽饰演的乔身穿一件风靡50年代的束腰淡黄色伞裙，橙色玫瑰印花尤为鲜艳，戴着一顶宽边帽，一双中跟鞋，自信而青春。

确地知道自己想要什么。"

1954 年春天，赫本因在《罗马假日》中精湛的演技获得了奥斯卡提名。她挑选了一件纪梵希白色印花礼服参加第 26 届奥斯卡金像奖颁奖典礼。当时《龙凤配》还没有上映，这是观众们第一次见到赫本穿着纪梵希创作的船型领、束带时装裙，同年她又穿着这条裙子访问了阿姆斯特丹。

1954 年，奥黛丽获得了奥斯卡最佳女主角奖，载誉归来。一年后，伊迪丝·海德因《龙凤配》获得奥斯卡最佳服装设计奖，然而令赫本感到尴尬的是：好莱坞服装供应商从未对纪梵希的付出给予应有的认可。因此，从《甜姐儿》开始，奥黛丽要求在所有合同中写明她的服装全部出自纪梵希之手，她还要求服装设计师的名字必须出现在片尾字幕中。

电影上的合作关系只是他们终身友谊的一部分，他们在时尚方面的合作关系直到 1993 年赫本的离世才中断。在纪梵希身上，奥黛丽找到了时尚的灵魂伴侣，他完全能理解她对时尚的热爱，也像她一样对服装饱含激情。他们在一起将彼此最优秀的一面激发出来。纪梵希喜欢把奥黛丽当做"妹妹"看待，然而她更喜欢称他为"挚友"。

1956 年奥黛丽告诉记者："他的设计是唯一能让我感到真正自我的设计。"

电影时尚天堂中的完美搭档

在接下来的七部电影中，纪梵希致力于为奥黛丽量体裁衣，还为她专门设计了婚纱以及她儿子的洗礼服装。

▽《爱在黄昏》（1957）的剧照。奥黛丽饰演的艾莲穿着一件 50 年代盖袖白色印花裙，芭蕾舞裙摆悠然散开，一双短手套外加一顶白色卷边平顶硬草帽，让她看上去端庄得体。

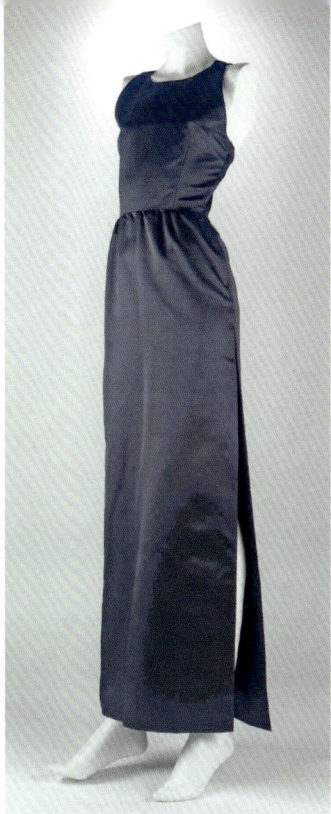

△《蒂凡尼的早餐》（1961）一开场，奥黛丽饰演的霍莉·戈莱特穿着纪梵希最著名的小黑裙，注视着蒂凡尼橱窗，眼中满是渴望。这条裙子质地丝滑，正面看上去设计简洁大方，裙摆侧面开了一个深叉，最具匠心的设计是后背的不规则镂空，让奥黛丽的美背若隐若现。

▷《谜中谜》（1963）的剧照。该片标志着奥黛丽和纪梵希携手塑造的60年代风格的成功，其典型标志是白色紧身大衣上的大纽扣，配以白色长手套和豹纹圆盒帽，精致且现代。

▷《巴黎假期》（1964）的剧照。奥黛丽在这里饰演一个极其时尚的私人助理，片中她所有服装都由纪梵希设计，尽显60年代的淡雅风格，例如这身大纽扣的时髦套装，简单的A字裙和一顶素雅的帽子尤显得端庄。

▽《偷龙转凤》（1966）的剧照。该片中奥黛丽饰演的角色计划偷窃一件伪艺术品，纪梵希对该人物设置兴致盎然，他巧妙地设计了一条黑色蕾丝裙和同样质地的蕾丝面纱，既性感又神秘。

△《朱门血痕》(1979) 的剧照，这部电影是两人的最后一次合作。该片中出现过好几顶款式别致的帽子，例如这顶带有粉色花朵点缀的白色宽边帽子，散发着强烈的淑女气息。

◁ 这是一张由摄影师皮耶路易吉·普拉特降于 1958 年在罗马哈斯勒酒店（Hotel Hassler）的一间套房内为奥黛丽拍摄的快照，照片中奥黛丽身穿纪梵希精心设计的晚装为时尚杂志拍摄封面。

△ 1991 年 10 月，即她逝世一年前（奥黛丽于 1993 年 1 月罹患癌症去世），在巴黎加列拉宫，奥黛丽和休伯特参加纪梵希盛典。

　　纪梵希与奥黛丽合作，共同创造出一种永远都在前进且不出错的电影时尚，这种时尚远比电影本身的热度更具持续性。他们的合作对各自的成功都至关重要，纪梵希通过奥黛丽的全球影迷将自己的作品推广至全世界，他大胆地创新并引领主流时尚趋势；在纪梵希的帮助下，奥黛丽成为时尚偶像，或可以称作是时髦风尚的领军人物。奥黛丽以她一贯的谦虚态度谈论他俩的合作："纪梵希的设计美丽简洁，那些服装让我自信地认为：我就是我要演的那个角色。"

纪梵希将奥黛丽的身形看在眼里，他经常会说奥黛丽的三围一直保持在 32-20-35。凭着设计师的直觉，他清楚地知道她那苗条的身材适合穿什么样的衣服。他所设计的礼服和大衣都完美地凸显了她的身材比例，直接引导观众的眼睛聚焦向她的小蛮腰和苗条的上半身。1957 年，他们二人还开发了全世界第一款名人香水，取名为"禁忌"。这是他们友谊的见证，奥黛丽不曾期望用它来牟利，她将它看成是一个专属于她一人的香味，这是她的特权。关于这款香水，纪梵希解释道："我研发了这款香水并借以她的名声宣传，但她从未要过任何利润或报酬。"

纪梵希不仅仅给奥黛丽的电影角色设计服装，也包办了奥黛丽的所有服装，数量自然不计其数。事实上，生活中的奥黛丽与女明星奥黛丽之间界限模糊，她会穿着电影里的服装去参加颁奖典礼或其他各种特殊场合。派拉蒙影业注意到此中的公关价值，在她和纪梵希的合作期间就经常让赫本将戏服视为己有。银幕上和生活中角色的无痕转换在今天看来也许非同寻常，不过这有助于她在大众视野中深化她的标志性风格。电影世界的时尚与现实生活的时尚的混合，为奥黛丽又增添了几分魔力和神秘色彩，好像这位女明星是她电影童话世界中的一个人物。

在她逝世后的很长一段时间里，纪梵希和全世界无数的时尚爱好者一样依旧从他最爱的合作伙伴身上寻求灵感："在每一系列作品中，我的心、我的铅笔、我的设计都奔向奥黛丽，她虽然离去了，但是我仍在和她交流。"

优雅的秘密

处于事业巅峰期时，奥黛丽被公认为全球最美女性之一，但她却不以为然，总是觉得自己有着"滑稽的长相"。在她看来自己只不过是千万"纤弱的女子"中的一个，平庸的长相、不整齐的牙齿、过于浓密的眉毛、清瘦病态的锁骨都不会给别人留下美的印象。1954年，《时尚》杂志称她为"今日非凡女孩"，不少人表示赞同，这不足为奇。《时尚》的编辑们说："她就是这样抓住了时下公众的想象和心理，并建立一种全新的审美标准，其他的脸都向'赫本脸'靠拢。"

当被要求分享美容秘诀时，她总是谦虚地矢口否认自己的美。她总是说："要有吸引人的双唇，请说好意的言语。要有美丽的双眼，请寻找他人的优点。"她提的建议总是简单易行，她告诉记者："我喜欢散步，这样我就能呼吸新鲜空气，吸入更多的氧气。"关于个人护理和健康的生活方式，她给出的建议也很容易操作。在奥黛丽的内心深处住着一个向往自由的女孩，她竭力避开条条框框的束缚。她曾说："你必须对食物、健康以及其他的一切保持平常心，你不能为了保持美丽而禁锢自己，也许那样会改善你的皮肤，但机械化的生活实在缺少乐趣。"

睡美容觉是奥黛丽非常乐意公开承认的一个美容秘诀。她说：

◁奥黛丽在《修女传》（1959）的片场，她化着淡妆，简直不敢相信她是如此的美丽。她的长相非常具有辨识度，尤其是她那高高的颧骨，奥黛丽的美永远是如此自然。

"我每晚要睡上八九个小时才能让我感到真正的快乐。"奥黛丽的儿子卢卡·多蒂也回忆母亲再三对他的教育："每个人都需要摄入大量的水"，这种物质"至关重要，它是一切生命之源"。据说她还每周要蒸脸两次来保持皮肤洁净、光滑，在每个"排毒日"她只摄入水、水果、蔬菜和酸奶。卢卡解释说："为了克服时差带来的生理紊乱，每个月总有一天是她设定的'排毒'日。"

化 妆

奥黛丽的妆容通常都比较淡雅，脸颊和嘴唇的颜色则更为自然。她爱用眼线笔和睫毛膏凸显她那美丽的眼睛。沃利·韦斯特摩是她最喜欢的化妆师之一，两人在《龙凤配》《甜姐儿》《蒂凡

◁ 这是《绿夏》(1959)的剧照。人们常常用"母鹿般"的眼睛来形容奥黛丽那大而深情的双眸，黑色的眼线和睫毛膏将它们衬托得更加完美。

▷ △ 作为一位明星化妆师，阿尔伯托·特罗西知道如何唤出奥黛丽的美。赫本曾与他数次合作，这张照片于1965年拍摄，他正在给奥黛丽画眼线。

尼的早餐》中都有合作，据说他通常采用轻薄的粉底液，使奥黛丽的脸在荧幕上看上去更加饱满立体。他十分小心地使用粉底或直接不用，那样的话她本来水灵灵的肌肤才能在银幕上更加白里透红。

为了突出她的眉形，奥黛丽通常用斜角型软眉刷涂上炭褐色的眉粉，重重地刷在眉毛上，于是造就了她那经典的浓密、漆黑、有棱有角的眉毛。她用液体眼线笔非常仔细地画在上睫毛根部，然后优美地延到眼角处，烘托出她的天真无邪。

阿尔伯托·特·罗西是奥黛丽十分欣赏的另一位化妆师，奥黛丽在《罗马假日》中的妆容由他全权负责。关于他，有一个非常有名的化妆小插曲：他在给赫本上完睫毛膏后，经常用别针把她的睫毛一根根分开，好让它们看上去显得浓密且如羽毛般柔软。有一次，有人赞美她的眼睛是世界上最美的眼睛，奥黛丽谦虚地回答说："哦，不，这一切都要归功于阿尔伯托，也许这是世界上

◁这是一张 1992 年拍摄的照片，当时奥黛丽已经 63 岁。她的面容一如既往的姣好。她选择了自然淡雅的裸妆，皮肤仍然焕发光泽，眼睛依然明眸善睐。

最美的眼妆。"奥黛丽是他服务过的最出名的明星，为了回应她对自己如此高的评价，阿尔伯托说："奥黛丽的轮廓非常上镜，她的脸部线条十分清晰，几乎不需要使用腮红。"

特·罗西喜欢在奥黛丽脸上做小试验，很多人对他那有趣的小把戏都有所耳闻。在给奥黛丽上完妆后，他在她脸上喷上一层薄薄的依云矿泉水，然后用纸巾轻轻擦拭，这样的定妆使她的脸充满光泽。

生活中大部分时候，她都保持着谦虚低调的姿态。镜头外赫本的妆容极淡，她解释道："我只化眼妆，涂上褐色的眼影，刷上黑色的睫毛膏，描上黑色的眼线，再用深棕色的眼线笔加以修饰，眉毛则体现自然风格。"1953 年，当被问到用什么口红时，奥黛丽回答道："一直都是浅色。"

到了耳顺之年，奥黛丽的容貌看上去依旧动人。她不曾涂上厚厚的眼影或是艳丽的口红，她清楚地知道妆容越淡越好。一直以来，淡雅的妆容并没有损伤她的肌肤，她的皮肤始终红润细腻、光彩照人。

护 发

1974 年，著名的美发专家菲利普·金斯利与奥黛丽见面后，推出了他研发的"弹力素"。这是一款洗发前的护发产品，它能让

▷奥黛丽首次在《罗马假日》（1953）中亮相时，蓄着她那如今依旧受人追捧的短发，超短的刘海让她看上去犹如一个精灵。若按那时的审美标准来评判，这一造型太大胆、太男孩子气了。

◁在一年后的《龙凤配》中，奥黛丽仍留着她的短刘海，头发在后面盘起。她这一造型在时尚界刮起多次旋风。

▽在 1957 年的《爱在黄昏》中，奥黛丽的头发稍长了一些，她用缎带扎着两个羊角辫，别有一番青春的朝气，这样的造型立即让各式各样的辫子在众多发型中拔得头筹，并成为万千女性的时尚选择。

△ & ◁ 60 年代早期，奥黛丽的前额留着刘海，后面的头发打造成蓬松蜂窝式的隆起，这个发型在《绿夏》（1959）以及之后的《蒂凡尼早餐》（1961）中均有亮相，在《蒂凡尼早餐》中导演还特意给这个发型一些特写镜头。在奥黛丽五六十岁的时候她又多次换回这款经典发型。

▽ 1964 年，《窈窕淑女》中奥黛丽更加松散、更浪漫的高髻与电影给人的浪漫和时代感交相呼应。

因经常做造型而受损的头发保持健康、有弹性。据说奥黛丽非常喜欢这款产品，会定期大量购置。

在奥黛丽的一生中，她一直保持着每隔四五天洗一次头发的习惯，她讨厌在理发店一动不动地坐上好几个小时，她喜欢在家里戴上卷发棒，用烘干机吹干头发。

奥黛丽热衷于大胆地尝试新的造型，她的发型和她的服装一样出名。多年来只要她一换发型，时尚杂志便会极力美赞，引来成千上万的爱美人士争相跟风。

▷ 1966 年，《丽人行》中蜂窝式发型与之前的这款发型相比，更具现代感，且隆起部分下移，厚重的斜刘海与这部电影的时尚摩登气氛以及著名设计师玛丽·匡特和帕科·帕科服装完美融合。

《蒂凡尼的早餐》

第五大道上，霍莉·戈莱特丽从一辆出租车中钻出来。清晨的纽约街头，她还穿着前一天晚上的黑色鸡尾酒裙。她停下来伫立在蒂凡尼橱窗外，透过玻璃也能感受到她眼神中的渴望。她一边凝视着橱窗一边享用着她的早餐，一杯咖啡和一个丹麦面包。这个角色让奥黛丽终身难忘，正是那时奥黛丽明确了她的事业方向。

三串式珍珠项链、长款黑色手套、超大镜框的墨镜使得霍莉·戈莱特丽这个玩乐的女孩形象呼之欲出。每一个热爱时尚的女性只要看了《蒂凡尼的早餐》（1961），就都想入手一条永不过时的纪梵希小黑裙。随着时间的流逝，时尚的步伐从未停歇，但这条美艳的黑裙以及那后背吸人眼球的镂空线条依然在时尚界屹立不倒。从奥黛丽对时尚的贡献来说，称她为时尚领头人应是实至名归，这条简单无袖小黑裙成了她的象征，她凭借自身的天赋和努力成了好莱坞的象征。2010年，"爱电影"就最伟大的女性电影戏服展开问卷，纪梵希的设计排名榜首。

纪梵希从可可·香奈儿的20世纪20年代创新的小黑裙中获得灵感，他特意改动了小黑裙的款式，这使得戈莱特丽在出场以及接下来的镜头中看上去既普通又时尚。霍莉的风格展现了现代

◁电影的开场让人记忆犹新，霍莉·戈莱特丽站在蒂凡尼的橱窗外，穿着小黑裙，戴着镶着人造钻石的假式三串珍珠项链，头戴皇冠，手上是一双黑色过肘晚宴手套。只有那副过大的墨镜泄露出晚会已经结束，这已经是次日清晨，而她还穿着昨夜的衣裳。

优雅，事实上，她那王室的发型、假髻、珍珠项链、长手套会让人误以为她是一位公主，这故意让人们难以捉摸出她的真正职业：一位应召女郎。奥黛丽本人之后也承认说："通常我看上去像是一个好女孩，我也常常充分利用我的这一形象优势。"

与奥黛丽早前塑造的过分扁平化人物相比，这个角色的内在性格和外貌的反差巨大，为这个道德上模棱两可的霍莉增添了几分不为人知的莫测感。她附庸于男人，男人给钱时美其名曰"付给她借用盥洗室的 50 美金"。她的珍珠项链委婉地道出了她向往一种更好生活的渴望，这个"落在凡间的天使"让乔治·佩帕德在片中饰演的保罗爱得不顾一切。

将霍莉的服装重复使用是整部电影中另一具有新意的时尚主题，而这一点在一个竭力维持生活的都市女孩的身上完全说得通，她的选择极其有限。戈莱特丽与年轻时的奥黛丽十分相像，

△奥黛丽的无瑕形象让人们原谅了影片中的贪。

▷这是一张较为罕见的《蒂凡尼早餐》剧照，霍莉穿着小黑裙，搭配一项插着几根羽毛的圆形帽，这使小黑裙展现出一种与往日不同的日间风格。

她能巧妙地将同一件衣服穿出多种感觉，她会搭配一顶有羽毛的帽子、一条色彩鲜艳的围巾或是一对大耳环。她变化着饰品来改变整体的风格。小黑裙在片中出境多次，但是每一次亮相都像是第一次看到般惊艳，这展示了她合唱队时候所表现出来的节俭风格和惊人的创造力。

霍莉的故事来源于真实生活，若要硬生生把它变成一次不接近平民百姓的时尚展示，对于电影制作来说，必须抵制这样的潜在诱惑，那么服装的选择就必须更加真实，需要接近普通女人日常的装扮。因为这部电影，普通女人们又一次寸步不离地追随着奥黛丽的时尚脚步，极致到每一个细节甚至是一个微笑。这部电影的影响力甚至渗透到报刊业，据媒体报道，人们看完这部电影后都想要一只电影中霍莉挚爱的姜黄色小猫，于是大家都纷纷写信给美国动物慈善机构申请收养。

1993 年，奥黛丽去世后，纪梵希将那件奥黛丽在电影开场时穿的标志性小黑裙捐给了一家由法国作家兼慈善家多米尼克·拉皮埃尔经营的慈善机构，该机构位于加尔各答。这条裙子随后被拿到伦敦的克利斯蒂拍卖行进行拍卖，简介上是这样描述的：

这是一件无袖及地礼服，低颈露肩，紧身上衣的背后不规则镂空，腰间些许收紧，裙摆一侧开叉到大腿。裙腰上注明出自纪梵希之手，另外还搭配一双黑色长到肘部的长手套……

◁电影开场中女主角所穿裙子的后背设计深深影响了时尚弄潮儿们的审美，他们认定这是一种前沿的创新设计，无数人争相模仿。

2006 年 12 月，这条裙子以 46.72 万英镑（约 66.5 万美元）的价格出售，这也是电影戏服史上卖过的最高价，拉皮埃尔家族中的一员激动万分地说道："这简直令人难以置信，这位神奇的女明星简直有非凡的魔力，她的一件衣服现在几乎能让我支付得起足够的砖头和水泥费，用来为全世界的穷困孩子建造学校。"赫本，这位全力以赴的人道主义事业的拥护者，一定会赞成他这样的做法。

奥黛丽的影视路自《罗马假日》（1953）、《龙凤配》（1954）、《甜姐儿》（1957）的相继成功后呈上升趋势，正是在《蒂凡尼早餐》（1961）中的精彩表演展示了她作为一个女演员对角色的驾驭的韧性，这部不朽的作品是证明她天赋的最永久的丰碑。

对于内向的奥黛丽来说，要成功演绎外向的霍莉·戈莱特丽无疑是极其费力的，正如她自己所描述的那样："这是在我演艺生涯中最艳丽花哨的角色之一。"但正是这份潜藏的忧郁和"小女生的迷失感"让她的演绎更加生动、感人，当今时代的女性对此也能产生强烈的共鸣。的确，现在我们很容易将霍莉和奥黛丽在脑海里紧密地联系起来，很难想象当初美国作家杜鲁门·卡波特对于他这部小说的电影翻拍版本的第一人选竟然是玛丽莲·梦露，两人的风格简直大相径庭。然而赫本对这个角色的塑造深入人心，她带着活力与淡淡的忧伤成功地塑造了霍莉这个人物。她那轻松自在、毫无刻意的时尚装扮给时尚界留下了她的印记，现代设计师们一直延续着将霍莉元素放入他们的设计中，不计其数的粉丝仍前往第五大道的蒂凡尼朝圣，站在她们的女神 65 年前曾经翩跹而至的地方。

▷ "如今的她拥有一种新的女性韵味"。

△纪梵希为霍莉·戈莱特丽设计的第二款小黑裙采用泡泡纱丝质面料，这条裙子裙摆微张且镶有褶边，搭配一顶系着奶油般丝滑蝴蝶结的宽边帽，一双低跟鳄鱼皮鞋，一双长手套和一副超大镜框的奥立佛·高德史密斯墨镜，让她看上去冷艳时尚。

▷霍莉穿着由好莱坞服装设计师伊迪丝·海德设计的灰色毛衣和蓝色牛仔裤，头上扎着一条头巾，她坐在火灾逃生梯上唱那首令人难忘的《月亮河》。奥黛丽认为："真实的女孩在蓝色牛仔裤中重生。每一个女人穿上巴黎礼服都是女明星。"

◁典型的法国风米黄色短大衣是《蒂凡尼早餐》中的另一件不朽的时尚单品。这套衣服没有搭配任何饰品，有的只有蜂窝式发型和霍莉那依依不舍的母鹿般的眼睛。

△这是另一套时髦但休闲的服装，霍莉努力给这套衣服注入与晚礼服同样多的时尚感。至今这件短款米黄色漏斗领毛衣仍被大量模仿，照片中她穿着一直钟爱的黑色贴身裤、平底鞋，手上提着一款经典的香奈儿软质手袋。她对蜂窝头做出了新的尝试，让一部分头发隆起，将剩下的头发扎起来。

◁这件双排大纽扣橙色羊毛大衣在《蒂凡尼的早餐》上映后被竞相模仿。漏斗领是纪梵希的经典风格,也是奥黛丽的心头大爱,她在之后的《谜中谜》(1963)、《偷龙转凤》(1966)中穿过相似款,也在自己的衣橱中常备几件。在这部电影中,这件大衣搭配一条花呢裙、棕色水貂皮帽、中跟鞋和那百搭的香奈儿手提袋,女人味儿十足。

△另一件偶尔会被人们遗忘的珍品是这条鲜艳的粉红色鸡尾酒舞会裙,这条裙子上镶有绿色的莱茵石珠钉,腰上戴一个粉红色的蝴蝶结,肩上披一件同色无领七分袖大衣,尽显华贵大气。这套服装在 2007 年的拍卖中卖出了 10 万英镑的高价。

时尚缪斯

奥黛丽不仅是众多导演、服装设计师和化妆师的缪斯，她也为那个时代的一些最伟大的人像摄影师提供了灵感。在她的演绎道路上，她与三名摄影师建立了尤为亲密的关系。正是得益于他们精湛的摄影技术，奥黛丽一些经典、值得回味的照片留芳百世。

理查德·阿维顿

奥黛丽在《甜姐儿》（1957）中扮演一位满脸不情愿的模特，当她穿着纪梵希鲜红色抹胸缎面礼服从宏伟壮丽的罗浮宫台阶上跑下来时，同色纱质披肩迎风摆动。她激动不已地向摄影师迪克·阿弗利（弗雷德·阿斯泰尔饰）喊道，"快拍照！快拍照！"这部经典音乐剧，犹如画册般精美的这一幕成为艺术模仿生活的最佳范例。迪克·阿弗利在他刚开始涉足摄影时，非常崇尚美国著名摄影师理查德·阿维顿的风格。奥黛丽在他事业上升期可谓是他灵感的来源和支撑，不仅如此，奥黛丽还迅速化身为阿维顿现实生活中的缪斯。

在拍摄《甜姐儿》时，阿维顿作为一个地地道道的纽约人正在迎接他事业的巅峰，他大概是那个时代最伟大的时尚摄影师。

◁电影《甜姐儿》（1957）中在巴黎罗浮宫台阶上上演的著名"拍照"一幕，事实上这一照片由理查德·阿维顿拍摄。在电影中，由于电影情节需要，这一场景由弗雷德·阿斯泰尔扮演的摄影师为奥黛丽饰演的身着纪梵希红色晚礼服模特拍摄。

▷理查德·阿维顿不仅
为《甜姐儿》中的电影情
节提供了灵感，还指导拍
摄了"粉红想象！"的时
尚蒙太奇剧照。基于他标
志性的姿势和最喜爱的场
景，这一系列照片的每一
帧画面就好像是从《时尚》
杂志上直接裁剪下来的。

那时，他已经与众多明星有过专业的合作，但唯独身材纤细的赫本，她那瘦削高挺颧骨和母鹿般温柔的眼睛最能触动他创作的灵感。他们二人一起合作拍摄了电影剧照，除此之外，阿维顿也与赫本携手为《时尚芭莎》和《时尚》杂志尝试拍摄一系列色彩明丽的杂志版面。奥黛丽在她生命的最后 12 年里一直与阿维顿亲密无间地合作，对此罗伯特・沃德斯说："奥黛丽完全信任迪克。而且她一旦相信某个人，她就愿意为他做任何事。她经常说，和迪克共事就像和好朋友聊天一般交心。"

1956 年 4 月，《甜姐儿》上映的前一年，阿维顿为赫本拍摄了首个《芭莎》封面。照片中她用一条印花丝巾随意自然地裹着她那精致的面庞，头上戴着一顶宽边草帽，她的朝气与清新被完美地定格。同年 10 月，这对搭档再一次合体拍摄杂志封面，此时愈发迷人的奥黛丽戴着一顶设计大胆的斑马印花帽子，照片中她俏皮地噘着性感红唇。阿维顿与赫本最令人印象深刻的作品应该是刊登在 1959 年第 9 期《芭莎》上的一组照片。长达 20 页的时尚狂欢，旨在趋近于电影式的连续呈现，而非一组互相毫无瓜葛的图片。该影集取景巴黎，奥黛丽和她当时的丈夫梅尔・费勒，演员巴斯特・基顿、莎莎・嘉宝和一只名为西蒙的白猫担任主要模特。拍摄过程中，演员们所穿的各类华服均由 13 家知名法国时装工作室提供，其中包括香奈儿、克里斯汀・迪奥、皮尔・卡丹、让・巴杜以及尼娜・里奇等众多大牌服饰。

1989 年 1 月，奥黛丽・赫本现身纽约，为阿维顿颁发美国时装设计师协会设立的终身成就奖。她告诉观众："有理查德在，我可以开心地荡着秋千，站在袅袅雾气中，让雨淋湿我的衣襟，可以毫无顾忌地从绵延的台阶上飞奔而下却不担心会摔伤……只有和理查德在一起，我才能在镜头面前展示真正的自我。是因为他体贴周到，是因为他妙趣横生，还是因为源于一种信任？你内心清楚地知道他最终会给你呈现你所希望看到的样子。"

阿维顿之后回应了这份赞誉："不管现在还是未来，我将会永远对我镜头中的奥黛丽·赫本所展现的天赋所折服……我无法再提升她的高度，她已经无人能及；我只能记录她而不是解读她。她本身足以说明一切……她已经实现了自己心目中的理想形象。"

▷理查德·阿维顿正在为奥黛丽拍摄《甜姐儿》剧照，照片中她戴着一顶纪梵希款白色圆盒帽，脖子上围着一条丝质围巾，手上戴着她钟爱的黑色长手套，看上去典雅端庄。

◁ 这是一张鲍勃·威洛比于 20 世纪 50 年代为年轻的奥黛丽拍摄的一张快照。在一个周末的早晨，她身穿一条白色印花长裙正在准备早餐。

▷ 这是一张《绿夏》（1959 年）的电影剧照，可能是由鲍勃·威洛比拍摄。奥黛丽在该影片拍摄完成后收养了这只电影中的宠物小鹿。

鲍勃·威洛比

　　鲍勃·威洛比是赫赫有名的电影剧照摄影师，也是除了理查德·阿维顿另外一个能够凭借高超的视觉艺术造诣捕捉奥黛丽魅力与神秘特质的摄影师。1953 年，青涩稚气的奥黛丽·赫本第一次来到电影梦工厂——好莱坞，不久后便结识了这位同样初出茅庐的加利福尼亚摄影师，他被她那出挑的形象深深吸引。从那之后，两人间的拍摄合作长达十余年之久。多年来，他成为了赫本的知心好友，除了帮她塑造银幕形象外，他还帮她规划生活。

　　威洛比后来解释道："我和赫本之间有惊人的默契，她不必将心中所想和盘托出，仅仅是一个点头我就能感觉到发生了什么。"他们在派拉蒙电影公司第一次相遇，当时她正因《罗马假日》变得炙手可热，而他正在奋力打拼，希望能够准确捕捉表演艺术中的强烈情感，成为一名独具风格的摄影师。

　　威洛比后来承认，当他架好设备准备开始拍摄时，他的眼睛

一直"在赫本的脸上游移，上帝赋予她能够融化人心的温暖笑容"。他还追忆道："她很特别，和大多数好莱坞的新星不一样。她给我留下了深刻的印象，好莱坞的每个人都被她吸引，只要奥黛丽走进你的视野，你就不会忘记她。"

威洛比为赫本拍摄了很多照片，其中包括 1959 年在赫本位于比佛利山庄的家中的一组抓拍，这些照片之后被用作《追忆奥黛丽·赫本》一书的主题照，并于 2008 年出版发行。也许最难忘的形象就是那些抓拍到的不经意瞬间，比如赫本在家小憩时还将宠物小鹿抱在膝上的画面，或是她去当地杂货店买菜的时刻。

塞西尔·比顿

　　塞西尔·比顿是另一位与奥黛丽在她最为重要的几部电影中合作过的人像摄影师，相比与奥黛丽共事的其他摄影师，他资历更深、名气更大，是一位偶像式的形象塑造大师。两人联手一同创造出奥黛丽最为经典的传世照片。比顿是《时尚》与《名利场》杂志的职业摄影师，同时也是著名的服装设计师兼场景设计师，他为舞台剧和电影设计服装和场景，在电影《窈窕淑女》（1964）中，他以这种双重身份与赫本合作，很快发现赫本身上"与生俱来的巨星气质"。他们在这部大热音乐剧的合作取得了巨大成功，这份成功在比顿身上体现得尤为明显，因在电影中的精彩巧妙设计，

◁音乐剧《窈窕淑女》(1964)的电影海报，该片由雷克斯·哈里森与奥黛丽·赫本主演。

▷这是一张摄于1965年的照片，镜头中奥黛丽与摄影师塞西尔·比顿谈笑风生。就在前一年，两人在《窈窕淑女》中有过密切合作。

他获得了1965年奥斯卡最佳服装设计奖和最佳艺术指导奖。

后来，比顿用诗意的文字写下赫本那独一无二的美："她的身姿完美糅合了时装模特和芭蕾舞者，她的与众不同在于她展示的是内在性格，而非外表的美丽。她的声音尤其富有个人特质，说话的韵律让人百听不厌，带有一种歌唱的节奏。这种律动渐渐变成轻柔舒缓的低语，末了又仿佛成了孩童般的追问，不禁让人感到心碎怜惜。她聪明而机警、忧郁而热情，坦率且灵活，自信而不自负，温柔而不矫情。"（《塞西尔·比顿：写真及侧写》，2014）

比顿认为赫本的容貌和精神都完全体现出一种新时代的美，她犹如在战争中涅槃的凤凰，新时代乐观主义与魅力在她身上展现得更为淋漓尽致。的确，这个男人也许在当时是这个地球上为贵族的扮演者和真正的贵族拍过最多照片的人，他最有资格概括赫本的独特魅力。他曾经说："她带着比利时战后的瓦砾、英国人的口音和美国人的成功，这三种元素塑造出自身鲜明的个性，她的这种非凡个性则最恰到好处地表征了新时代精神。"

一部复古电影：比顿与赫本

塞西尔·比顿为赫本设计那些曾荣获奥斯卡的服装中，其中一些是为电影《窈窕淑女》中赫本所扮演的伊丽莎·杜利特尔量身定做的，影片中她是一位大街上衣衫褴褛的卖花女，最后变成了一位时尚淑女。

◁伊丽莎（奥黛丽饰）身穿浪漫的红色丝质长裙配以同色礼帽，褶皱高领搭配飘逸的披肩、流线型的长袖以及一朵丝质玫瑰，仙气十足。

△这是另一顶大款比顿式女帽，缀有硕大的丝质花朵和彩带。

◁ 在赛马会上，奥黛丽扮演的伊莉莎·杜利特尔尔穿着比顿设计的维多利亚时代贡品，那是一件白色荷叶边礼服，裙子上配有黑色条纹蝴蝶结装饰点缀。奥黛丽穿着它，搭配一顶宽边草帽和一把太阳伞，华贵而不显浮夸。

次页◁：
不情不愿的公主，伊莉莎从卖花女到贵族小姐的转型通过电影中她所穿服装的转变上就得以看出，她在电影舞会场景中身穿一件镶满珠宝的晚礼服，戴着一副长手套、一条钻石项链和皇冠，华贵却不浮夸。

次页▷：
这张照片中，伊莉莎头戴一顶帽檐用仿真花朵和水果装饰的小帽，身穿一件丝质大衣，还温柔地抱着一只小哈巴狗，这番造型让她看上去着实像个地地道道的城镇妇女。

巴黎时光

　　直到 1963 年，60 年代的社会才进入完全转型期。这种蓬勃的新精神在时尚圈表现得尤为明显，当时以伦敦的卡纳比街为中心，涌现出新一批具有实验精神的现代设计师，玛丽·匡特便是其中一个典型代表，在她的设计中蕴藏着当时追求自由和改变的内核价值。从时尚风格角度而言，60 年代早期的《蒂凡尼早餐》可谓是赫本的转型之作，它把她从 50 年代的装束中解放出来，进而向更符合现代的审美靠拢。赫本是时候拥抱新的十年了，她要在这个时代留下属于她自己的时尚印记，而开启这个时代之风的三部电影均在全球时尚之都兼时尚标准孵化基地巴黎取景。

◁奥黛丽轻松地迈进了 20 世纪 60 年代的审美风格。照片中她戴着纪梵希款白色圆盒帽和一副奥立佛·高德史密斯太阳镜。

▷照片中赫本与电影《谜中谜》（1963）的男主演加里·格兰特脸贴着脸，她身穿一件深黄色的纪梵希羊毛裙看着镜头。

《谜中谜》（1963）

　　这部优秀的浪漫惊悚片见证了奥黛丽与《甜姐儿》导演斯坦利·多南的再度合作，电影中她搭档加利·格兰特，片中她穿上了纪梵希另一经典系列服装。当雷吉·兰伯特（奥黛丽饰）被几个男人共同追求时，巴黎式的悬念出现了，这几个男人都想得到她前夫死前偷来的那笔财产。这个故事巧妙而有趣，《谜中谜》不

△这是《谜中谜》中奥黛丽的经典装扮，一条头巾搭配一件米色风衣。

▷照片中，奥黛丽从头到脚穿的都是20世纪60年代风格的黑色纪梵希，她正在和她的第一任丈夫梅尔·弗勒和儿子西恩漫步在巴黎《谜中谜》拍摄片场。

仅是惊悚喜剧的一次试验，也是关于时尚风格的高级讲堂。我们看到了 A 字裙搭配番茄红或鲜黄色漏斗领大衣，上衣还缀以纪梵希标志性的大纽扣。这样的装扮再配上一双长款皮手套、平底鞋、超大镜框太阳镜、圆盒帽，并用围巾随意地打结装饰，每种造型都堪称完美。总之，所有服装都彰显出最恰到好处的高雅简约。

《巴黎假期》（1964）

　　奥黛丽再度来到法国首都巴黎，这次她在片中扮演一位秘书加布里埃·辛普森，她的雇主是威廉·霍尔登饰演的编剧，由于这位电影工作者酗酒、懒惰，辛普森的主要职责是帮助这位编剧赶写剧本。两人在创作时常常想象自己身处电影情节中，渐渐地模糊了现实与幻想，最终坠入爱河。这部影片票房惨败，但是美国著名电影频道"特纳经典电影频道"收集到的数据显示："这部电影在一个恢弘的背景下讲述了一个荒谬的故事，让观众看到了原本只有电影同行才能懂的笑话和嘲讽，让圈外人享受到了一种罪恶的快感。"

　　这部著名的经典影片集结了奥黛丽和她在《龙凤配》中的搭档霍尔登，据说与电影中的情节不谋而合的是霍尔登当时也正深陷于酗酒和对奥黛丽浓情的爱恋中不能自拔。除了引人入胜的故事情节外，影片中的时尚元素备受追捧。虽然奥黛丽扮演的只是一名秘书，却是一位穿着纪梵希的秘书，片中她穿着一身两件套

◁在与威廉姆·霍尔登共同主演的《巴黎假期》（1964）中，她身穿纪梵希白色裙装，A字版裙身，腰部点缀着荷叶边，使其扮演的秘书加布里埃尔性感却不失端庄。

△《巴黎假期》中奥黛丽与霍尔登搭档，戏中她还穿过一件纪梵希款无袖淡色裙，干练的衬衫领，腰部搭配可爱的蝴蝶结装饰，再戴上一顶草帽，让她看上去俏皮干练。

西服和一条直筒连衣裙。但最令人难忘的是那套橘色背后悬垂式设计的衬衫式连衣裙、象牙色钟形裙、无领淡绿色西服裙、棉花糖粉色直筒连衣裙。

《偷龙转凤》（1966）

我们称之为"巴黎三部曲"的最后一部电影讲述的是一场不法活动，该片由《罗马假日》导演威廉·惠勒执导，奥黛丽与彼得·奥图联袂主演。奥黛丽扮演的妮可为了隐瞒父亲的伪造罪，向艺术专家奥图求助，希望他帮自己偷回伪造的雕像。

电影中虽没有特别提到服装出处，但奥黛丽戏中的全部行头均出自纪梵希之手，据说派拉蒙电影公司为此花费达3万美元。在赫本假扮清洁女工的场景中，奥图饰演的角色打趣道："这身衣服终于让纪梵希休息一夜了。"为了这部浪漫爱情影片，纪梵希开启了60年代的时尚装扮，赫本则仍然是他创作的灵感缪斯女神。尤为令人印象深刻的是妮可的出场，她一袭白色，白色夹克、白色裙子、白边大眼镜以及白色的圆盒帽，纯洁动人。试想一下立体剪裁设计遭遇60年代的过度奢华，例如蕾丝泡泡裙搭配一件流行的亮色外套，再戴上一副奥利弗·哥德史密斯未来主义眼镜和一些俏皮的帕科·帕科人造珠宝饰物，不禁让人感到幽默十足。

◁《偷龙转凤》(1966)的电影海报，该片由奥黛丽与彼得·奥图联袂主演，电影充分展现20世纪60年代的雀跃欢腾。

△在《偷龙转凤》的剧照中，奥黛丽穿着一身白色，白色的纪梵希束腰西装、同色渔网袜、高跟鞋和帽子。照片中她坐在彼得·奥图的车尾上，妩媚不失灵动。

△照片中奥黛丽一身白色丝质家居服，化着淡妆，简洁的蜂窝发型和上扬的长眼线，完美地再现了 20 世纪 60 年代的时尚。

▷右图中奥黛丽和彼得·奥图一起在电影拍摄片场。电影中的赫本选择了另一款纪梵希风衣，深蓝色的风衣与金色的双排扣完美撞色，一条小丝巾，与风衣同色的几何图案连裤袜尤显精致，使得整体造型看起来无可挑剔。

《丽人行》（1967）

在这部讲述普通人爱恋婚姻的生活影片中，奥黛丽搭档阿尔伯特·芬尼饰演乔安娜和马克·华莱士夫妇，二人驾车环游法国南部，这让他们想起曾经一起度过的假期，12 年来的婚姻生活也跃然眼前。倒叙的结构充分暗示了服饰的变迁，乔安娜从一名穿着清新牛仔裤的初恋女大学生，转型成一位穿着雍容华服，但倦容尽显的时尚贵妇人。

影片中汽车、服装、发型、妆容等风格的改变无不透露出婚姻的状态。导演斯坦利·多南邀请奥黛丽参与他的第三部电影，但是这一次纪梵希并没有参与服装设计。多南说奥黛丽一开始极力反对这个决定，但是她慢慢地改变了主意，并希望做一些新的尝试。最终他们尝试了一个折中的办法，选用了一些较为实验性

◁ 这条金属质感的帕科裙是电影《丽人行》（1967）中展示的比较前卫的服装之一。

▷ 纪梵希的设计或许没体现在这部电影中，但是奥黛丽一直是他忠实的合作伙伴，她穿着这身纪梵希1996 年冬季系列的淡绿色泡泡纱丝质礼服。她将头发编了几股小辫，小辫尾部再固定于头上，其长度刚好环绕成一个圈，大胆俏皮。她这是打扮宣传电影《丽人行》。

△新婚不久的乔安娜（赫本饰）和马克（阿尔伯特·芬尼饰）。早期照片中，两人愉快地分享着一根法式长棍面包。乔安妮的装扮简单入时，红色针织毛衣、牛仔裤、棕色腰带、运动鞋无不透露出婚姻的甜蜜与轻松。

▷《丽人行》中 20 世纪 60 年代的经典时尚：一身简单的黑色 T 恤衫和黑裤子，打理整洁的蜂窝发型以及偏分的刘海，手里拿着墨镜，奥黛丽看起来舒适自在。

的服饰，其中包括肯·斯科特、赫迪·雅曼、米歇尔·霍西尔和玛丽·匡特的设计。换言之，这是一群真正在 20 世纪 60 年代后期崛起的设计师，他们大部分都与伦敦的卡尔纳比街有着割不断的渊源。他们的服装透露出一种现代感和当时人们对金属、塑料及其他合成材料的偏爱。从牛仔裤和运动鞋装扮，到印着迷幻图片的长袖嬉皮风女装和耀眼的帕科·帕科金属迷你裙风格，敏锐的时尚追随者总可以嗅出奥黛丽身上的时尚气息。

△奥黛丽像个模特似的走着猫步渐渐
靠近蒂凡尼珠宝店，清晨时分身穿晚
礼服的她让影片与现实拉开了距离。

小黑裙

"她的择衣标准是质量而非数量。她的衣橱出奇地简单，一件小黑裙、一件白色轻纱上衣和一身雅致的套装。她的服装不一定都是最新款，但永远都是最合适的。"摘自梅丽莎·海尔斯顿《怎样成为可爱女人：奥黛丽·赫本的生活方式》

奥黛丽成长于一个战后节俭的年代，现在大行其道的一次性的服装那时尚未问世。但是在我们这个重新提倡朴素和可持续发展的时代，一个以质量为基准的择衣观是一种在今天看来仍然意义非凡的时尚哲学，这也是世界上一些最时髦的女士们追求时尚的路径。

回首 50 年代，即使是那些最具时尚意识的女人们也没有很多衣服，但是她们拥有的都是精心设计的上乘品。奥黛丽具备那种典型的欧式投资才能，她会经过一番深思熟虑后选定她需要的服装，那些精选的衣物摆放在一起便形成一种别具一致的风格。她不会将各式各样的服装统统买下，而是选择一些不过时的衣服并注入她的个人风格，也许她是第一个开拓和完美执行"胶囊衣橱"概念的现代明星。奥黛丽的长子西恩·费勒在他的《奥黛丽·赫本：一个优雅的灵魂》中极好地概括了这种时尚哲学："我的母亲相信，一个女人应该找到适合自己的妆容打扮，时尚和服饰的四季变化能帮助点缀样貌，并不断给一个人的样貌带去新鲜感，如果成为时尚的奴隶或跟屁虫，则万万不可取。"

奥黛丽和小黑裙

　　1926 年，可可·香奈儿以一身简洁的黑色短裙初次登上《时尚》杂志封面，由此开启了延续至今的小黑裙风潮。赫本在《蒂凡尼的早餐》中饰演的霍莉·戈莱特丽一角真实地展示出小黑裙的百搭，这使它迅速成为所有女性衣橱中最不可或缺的时尚单品。

　　艾米·霍尔曼·埃德曼在她的《小黑裙》一书中这样解释道："在鸡尾酒舞会上、兴格监狱里以及在第 21 街的路边饭店时，赫本几乎在每个场景都穿着这条裙子，但观众们未曾感到视觉疲劳。配饰的千变万化使她的每次出场都给人焕然一新的感觉。""这条

▽在《蒂凡尼的早餐》（1961）中，霍莉·戈莱特丽为了一次日常而特殊的约会穿起她的经典小黑裙。

▷她身穿纪梵希设计的简洁黑色小礼服，脖子上戴着层层叠叠的珍珠项链，双手戴着黑色长筒丝绸手套，头发像菠萝一样盘在头顶，就像将所有东西都顶在头上的妇女一样优雅。

裙子和赫本的完美结合让每一个镜头都看起来与众不同，这些电影中的形象和小黑裙也合二为一，成为珍贵的时尚象征。"

小黑裙的一部分魅力在于它可以不断地适应心情、季节和时间的变化，霍莉（赫本饰）凭借她与生俱来的热忱与活力，轻松地在各种场合完美地驾驭它。就像纪梵希在 2010 年告诉《独立时报》那样："在保证小黑裙简洁的同时，人们通常忘了它所带来的美感和视觉享受。"

奥黛丽的时尚"朋友们"

除了小黑裙外，还有一些其他与奥黛丽一起成名的重要单品，尽管时尚轮回，它们还会再次引领潮流。

黑色铅笔裤

奥黛丽标志性的细长黑色七分裤第一次进入公众视野大概是在电影《龙凤配》（1954）中。事实上，自奥黛丽十八九岁在各个合唱团演出时就一直穿着这种七分裤。

▷ 50 年代后期，奥黛丽身穿淡黄色无袖翻领上衣和格子花纹的七分裤，她的优雅是那么的轻松自然。

翻领毛衣

在电影《黄昏之恋》（1957）中，这件淡紫色的毛衣搭配黑色紧身裤是五十年代的又一个经典款，奥黛丽还向其融入了自己的风格。

芭蕾舞鞋

奥黛丽在拍摄电影《龙凤配》（1954）时，身高已经一米七，个子高挑外加多年的芭蕾舞训练使她对芭蕾舞鞋由衷地热爱。意大利著名制鞋匠萨瓦托·菲拉格慕以奥黛丽的名义设计了一双与她同名的"奥黛丽"芭蕾舞鞋。自此，这双无扣便鞋便成为她的知心好友。

夸张的太阳眼镜

像同时期的时尚偶像杰奎琳·肯尼迪一样，奥黛丽也十分钟爱奥里弗·哥尔斯密设计的巨大太阳镜，在60年代及之后的岁月里她总爱戴着大墨镜。右边照片拍摄于1969年，当时奥黛丽与她的第二任丈夫安德烈·多蒂身在罗马，她系着丝巾，顶着蓬松的蜂窝式发型，戴着她最大的镜框眼镜。

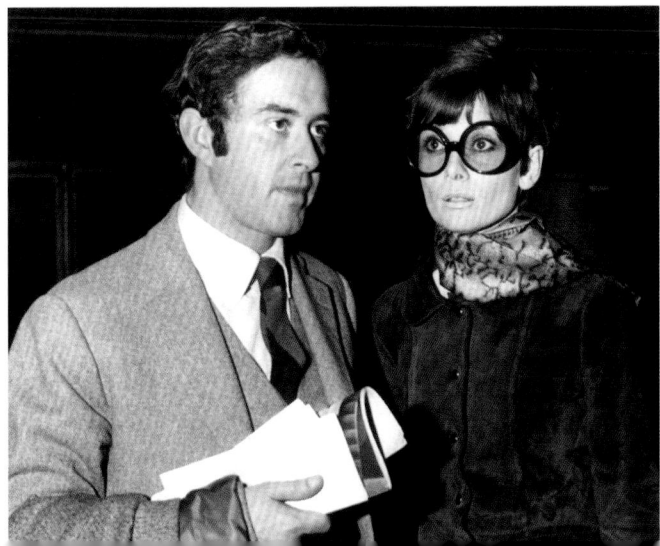

风 衣

军装式风衣是另一件以"奥黛丽风格"出名的重要单品，它被大量复制并进入千家万户的衣橱中。

▽在《蒂凡尼的早餐》的最后一幕中，霍莉·戈莱特丽终于承认她爱上了保罗（乔治·佩帕德饰）。她穿着一身普通的巴宝莉雨衣（1961）。据说这款双排纽扣的军装式风衣很快就成了时尚女性的必备品。

△ 20 世纪 60 年代，她穿着白色军装式风衣，戴着超大镜框墨镜，在罗马西班牙广场前拍照留念。奥黛丽准确地诠释了这种时髦的大衣如何将时下流行的欧洲元素添加到任意一件服装上。

▷ 1963 年，在电影《谜中谜》的片场，奥黛丽与加里·格兰特相依偎。不同的电影，相同的军装式风衣，照片中我们看到了米色巴宝莉雨衣的回归，这次与这身大衣一同出场的还有她偏爱的头巾和超大号墨镜。

"萨布丽娜领口"

奥黛丽偏爱高领的裙子，因为她觉得可以遮住她突出的锁骨和不丰满的胸部。这种领口由纪梵希设计并在电影《龙凤配》（1954）中第一次亮相，原来这种领口因为像船的造型因而得名"船形领"，后随着电影上映和热度的上升，这种领口被人们称作"萨布丽娜领口"。

漏斗领大衣

1954年，在纽约的《龙凤配》拍摄现场，奥黛丽和导演比利·怀尔特正在交谈，她穿着一身黑色漏斗领长大衣，这是纪梵希为她的电影角色设计的所有服装中的第一件戏服。作为纪梵希的终身粉丝，赫本也把这些时髦的大衣收入自己的私人衣橱中。

丝 巾

奥黛丽和《罗马假日》(1953)的男主角格里高利·派克的合影。她身穿一件清新的白色衬衫，一条及膝长裙，一条印花丝巾随意地在脖子上打个结作为点缀，给这身最朴素的装扮增添了一抹亮色和独特的风韵。

围巾在奥黛丽的衣橱中占有一席之地，她最喜欢用围巾随意地包住头部，然后在下巴处打个结，再搭配一身干练的合身外套，这样她那端庄的模样又增添了一丝神秘气质，还有一种简单的华丽感。

黑色高领毛衣

赫本在电影《龙凤配》（1954）中把简单的黑色高领毛衣变成了流行的主题，在这之后时尚还多次重温了这种巴黎风情的时尚。

格子衬衫

带扣子的格子衬衫最完美的搭配就是高腰热裤和编制的坡跟鞋，就像奥黛丽在 1953 年公开拍摄的照片中所展示的那样。奥黛丽有许多格子衬衫，是她休闲服装的绝佳选择。

新奇的帽子

奥黛丽的脖子又长又细，天生适合戴帽子，多年以来她也尝试了各种各样风格的帽子，例如《窈窕淑女》（1964）中那款搭配着长款正装的经典贝雷帽以及在《偷龙转凤》（1966）中极具现代风的圆盒帽。这张照片于 1981 年拍摄，奥黛丽在巴黎咖啡馆外戴着一顶纯色法国风的帽子，得体又不失活泼。

逐爱的女人

1952 年，随着在百老汇戏剧《金粉世家》中的精湛演技广受称赞以及在电影《罗马假日》中担当主角，赫本在美国的演艺事业蒸蒸日上。在爱情上，这时她已经与男爵詹姆斯·汉森订下终身。奥黛丽在伦敦跳舞时二人就已相识，她用"一见钟情"描述两人之间的情愫，但是她在美国的一举成名最终迫使这对有情人聚少离多，最终不欢而散。尽管试了婚纱也定下了婚期，但因为工作的需要，她还是取消了这场婚礼。她把在好莱坞寻求突破放在首位，之后她这样回应："当我结婚的时候，我希望是真正进入婚姻里。"

因她与《罗马假日》中帅气的男主演格里高利·派克的亲密

◁ 1952 年，一脸忧郁的奥黛丽和汉森再次相聚罗马，一年后她取消了婚约。

▷ 1952 年，奥黛丽与当时的未婚夫商人詹姆士·汉森在罗马。她在拍摄《罗马假日》（1953）时，汉森前来探班。

关系，有关两人的绯闻甚嚣尘上，或许这也是促使她做出分手决定的一个因素。但当时演员们都否认了这一说法，奥黛丽后来说道："实际上，你不得不对你的男主角产生一些情愫，反之亦然。如果

你想刻画爱情，你就不得不去感受它，除此之外没有其他的办法，但是你不能让这种感情带出戏外。"如果这种情愫能发乎情止乎礼，那么二人就会成为终身的朋友。

◁亲密关系：1952 年在罗马拍摄《罗马假日》时，奥黛丽与格里高利·派克在现场拍摄的空隙一起打牌。

　　在奥黛丽下一部重量级电影《龙凤配》(1954)拍摄期间，关于奥黛丽与已婚男主角威廉·霍尔登有染的绯闻消息不胫而走。朋友们甚至说希望她与霍尔登结婚并组建家庭，但是当那时已经35岁的霍尔登向她坦诚地透露：他做了输精管切除术，已经不能再成为一个父亲，她便结束了这段恋情。

　　但是这位好莱坞年轻的黄金单身女星并没有单身多久。在一次格里高利·派克主办的鸡尾酒会上，她结识了美国演员兼导演梅尔·费勒。最初二人达成共识，在1954年的话剧《美人鱼》中

△一段浪漫情缘：在《龙凤配》(1954)的电影剧照中，奥黛丽与威廉·霍尔登一同坐在小汽车里。

▷△年轻的赫本不久后便与第一任丈夫梅尔·费勒于1954年订下婚约。

▷1954年9月25日，奥黛丽穿着纪梵希婚纱，与梅尔·费勒在瑞士布尔根施托克举行婚礼。

进行合作，之后这对搭档便迅速坠入爱河。仅仅八个月之后，他们于1954年9月25日在瑞士布尔根施托克举行婚礼。毋庸置疑，新娘穿的是纪梵希设计的婚纱。

尽管朋友们担心费勒控制欲太强，奥黛丽私下也承认费勒确实脾气不好，好莱坞的八卦专栏不断唱衰他们的婚姻不会长久，奥黛丽依然坚持认为她和她在电影《战争与和平》的联合主演会幸福地生活在一起。那些为奥黛丽写传记的作者们通常认为她之所以被这个比她大12岁、有强烈控制欲的丈夫吸引是因为她在他身上看见了父亲的影子，她的父亲在她六岁时就离开了她。奥黛

◁欢迎你的到来：1964年，经历了两次流产的伤痛后，赫本微笑着与丈夫梅尔一起抱着刚出生的儿子——西恩·赫本·费勒。

▷西恩宝贝第一次和宠爱自己的妈妈坐飞机。

丽同样渴望成为一位母亲，在经历过两次不幸的流产后，她终于在 1960 年 7 月 17 日生下了她和费勒的儿子——西恩·赫本·费勒。遵循医嘱，她休假一整年，全身心照顾孩子。

在他们的第一个孩子出生后，这段婚姻仍艰难地维系着。关于夫妻不和的消息时有传出，老到的好莱坞评论员认为这是因为费勒嫉妒妻子更加杰出的事业成就。1966 年，婚姻喜剧《丽人行》广受好评，奥黛丽与片中男主角阿尔伯特·芬尼的绯闻也被推到风口浪尖，这对她和费勒的婚姻是致命的一击。一年之后，她和费勒分居并申请终止这段长达 14 年的婚姻。

◁快乐男孩：60年代中期，刚刚学步的西恩和父母在一起。

▷爱的尽头：1967年，奥黛丽在颁奖典礼上与当时的丈夫梅尔·费勒一起拍照，不久之后二人分居。

◁ 1955 年，《战争与和平》剧照。　　△ 1967 年，《丽人行》剧照。

奥黛丽后来回忆道："当婚姻结束时，我真的感到很糟糕。我认为两个善良相爱的人在一起，他们的婚姻一定会天长地久，直至一方死去。我无法用语言表达出我当时的失落。我已经想尽了一切办法。我了解和一个世界名人在一起是一件多么艰难的事，我们到哪儿都会被认出，我们的生活会在银幕上上演，我们的作品也会走进我们的生活。费勒饱受了怎样的煎熬！但是相信我，我一直都把家庭放在首位。"

赫本也没有伤心很久。离婚不久，在一次海上旅行中，她遇见了她的第二任丈夫——安德烈·多蒂，据说她是在去希腊遗址的旅途中爱上了这位意大利精神病专家。他们于 1969 年 1 月 18

△《丽人行》(1967)中海中游泳一幕，奥黛丽亲吻阿尔伯特·芬尼。

▷ 1968 年，希腊小岛环岛旅行中，奥黛丽遇见并爱上了意大利精神病专家安德烈·多蒂。

◁ 1969 年，二人结婚，奥黛丽穿着纪梵希粉色婚纱。

▷ 不到一年，他们的儿子卢卡·多蒂在瑞士出生。照片中奥黛丽推着婴儿车和朋友散步。

日结婚。当时赫本 39 岁，但身穿纪梵希粉红色迷你裙的她看起来仍明艳动人。

虽然她已不年轻，之前也流过产，但还是渴望再有孩子。1970 年 2 月 8 日，她生下了第二个儿子——卢卡·多蒂。这一次她毫无疑问把婚姻和孩子放在第一位，她在整整十年时间里只接拍了两部电影。可是多蒂却难以摆脱花花公子的名声，他的风流韵事此起彼伏。最终，1980 年他们和平分居，1982 年正式离婚，13 年的婚姻就此告终。

与多蒂分开后，奥黛丽遇到了她的"灵魂伴侣"——比她小 7 岁的荷兰电视剧演员罗伯特·沃德斯，他是已故电影明星梅尔·奥勃朗的丈夫。他们一起在瑞士特洛施纳的日内瓦湖畔建了一座田园式的房子"和平之邸"，他一直陪伴着奥黛丽，直至她 1993 年去世。

　　尽管这对情侣没有结婚，赫本仍习惯把这段日子描述为她人生中最幸福的时光。奥黛丽在 1989 年接受美国记者芭芭拉·沃尔特斯采访时说："我花了那么长时间才在人海中找到他。"她和两个心爱的儿子和沃德斯在一起过着简单的瑞士生活，远离好莱坞的诱惑，心满意足。

　　她在"和平之邸"，这座 80 年代的石砌式农舍说道："这就是我所向往的一切。在我的一生中，我一直想要赚钱买下自己的房子。我梦想中的这所房子坐落在乡间，有着花园和果树。正因为住在瑞士的乡下，我才能过着完全自由自在的生活，才能完全地做我自己。"

▽ 这是奥黛丽瑞士美丽而安静的居所——和平之邸。她用拍电影的收入买下这座房子，也在这儿度过了人生中最后一段最幸福的时光。

▷ 灵魂伴侣：奥黛丽与罗伯特·沃德斯在伦敦格罗夫纳酒店一同出席了 1992 年电影电视艺术学院颁奖典礼，她与这位荷兰演员一起度过了她人生中最后的 13 年。

△治愈之手：1958 年，奥黛丽拍摄《修女传》，在影片中她扮演一位善良的修女，照顾一些跳荷兰康茄舞的患病儿童。

▷长期合作：1964 年，奥黛丽在西班牙马德里发起庆祝联合国儿童基金会赠送祝福卡 15 周年活动。

天使在人间

在第二次世界大战末，赫本及其家人被困在荷兰时，他们接受过来自联合国儿童基金会珍贵的食品和医疗救助，她永远不会忘记这一恩赐。在 20 世纪 50 年代早期，那时她的事业刚刚起步，她开始通过一系列的广播节目为全球的儿童慈善机构工作。在她的后半生中，她积极参与联合国儿童基金会的人道主义工作并经常前往世界上最贫穷、饱受战争蹂躏的地区，那些触目惊心的人间悲剧让她的救助热情和愿望日益增长。

人道主义者的角色事实上预示着她在《修女传》（1959）中扮演的路加修女一角。电影中，她是一名内心充满矛盾的实习修女，帮助刚果的患病儿童，她也因这个角色获得奥斯卡提名。真实生

活中她所贯彻的人道主义让她享有更为持久的美誉。1988 年，她被任命为联合国儿童基金会亲善大使，她和善地表示："我这一生都在为这个角色做准备，现在我终于得到了它！"

　　在接下来的四年里，赫本在罗伯特·沃德斯的陪伴下飞往亚洲、中美洲、南美洲和非洲那些最遥远的角落，看望那些遭受饥饿、疾病和战争的受灾民众。奥黛丽除了同时掌握英语和荷兰语外，她还会说流利的法语、意大利语、西班牙语和德语，得益于她惊人的语言能力，这项工作变得容易许多。担任亲善大使这个角色时她已将近 60 岁，这项工作不仅会耗费大量的体力，还会给她的情感带来一些负面影响。1988 年，她第一次接下任务去埃塞俄比亚默克莱的一所孤儿院，那里收容了 500 位饥饿儿童。她表露道：

◁ 1988 年，埃塞俄比亚：作为特殊大使的第一份工作就是跟着联合国儿童基金会探访各地。看到数以百万计的儿童还在挨饿，她感到难过。

▽ 1988 年 3 月 8 日，联合国儿童基金会公开任命奥黛丽为"亲善大使"。两周之后，奥黛丽就飞往了饱受饥荒折磨的地区——埃塞俄比亚。

"我感到心痛、绝望,我不忍心看到200万人处在可能饿死的风险中,况且他们中大部分还只是孩子。"

在这之后,奥黛丽的朋友和家人们向外界诉说奥黛丽整日思考着如何替孩子们减轻磨难,她想为他们分担一些痛苦,这样的

▽在1992年去往索马里的旅程中,奥黛丽遇到一个因饥饿而异常消瘦的女孩,她温柔地握住她的手。见到眼前的这些饥荒景象,她难以相信问题的严重程度,于是把这次旅行比作"走入噩梦"的经历。

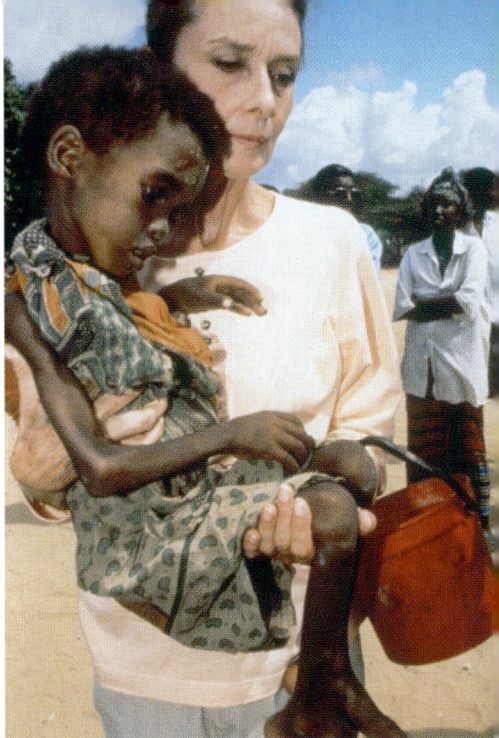

▷在这一次索马里访问中，奥黛丽抱着一个虚弱的孩子，由于饥饿，他已经瘦得不成人形。

精神压力日益耗损着她余下的精力和生命。她的朋友，演员莱斯利·卡伦在 1993 年写道："她的事业分为两部分，第一部分她得到了她所渴望的所有荣誉，第二部分是将她所得到的东西毫无保留地回报给社会。"奥黛丽自己是这样说的："当你长大时，你会发现你有两只手：一只手用来自救，另一只手用来帮助他人。"

赫本远不只是一个名誉领袖，她在这个领域无所畏惧。和她一起在孟加拉国工作的联合国摄影师约翰·艾萨克说，"孩子们通常会围绕在工作人员身边，而她会去拥抱他们，这样的场景我从来没见过。其他人多少会有些犹豫，但是她会去抓他们的手。孩

◁奥黛丽和纪梵希。

▷ 1990 年，赫本代表联合国儿童基金会来到越南，启动疾病免疫和净水项目。照片中，她穿着越南的民族服装和当地的孩子一起合影。

子们经常走近她，举起她的手，触摸她，好像她是穿彩衣的吹笛人。"

　　奥黛丽一辈子都处在时尚的前沿，当她看望这些饥饿儿童时，魅力对她来说毫无疑问是最无关紧要的事儿了，但是她仍尽量使自己看起来时尚。她经常穿着一身朴素的鳄鱼牌衬衫和牛仔裤，或者穿当地部落的服装，不施粉黛，头发梳成她标志性的圆髻。在这忙碌的几年中，如果需要参加一些时尚聚会，她通常还是会向她最爱的设计师纪梵希求助。

　　1922 年，为了肯定她在联合国儿童基金会中坚持不懈的工作，奥黛丽被授予"总统自由勋章"，但她的工作远没有结束。同年，

△气场十足：必要时，奥黛丽仍能展现出她绝佳的魅力。出席 1992 年奥斯卡颁奖典礼时，她身穿纪梵希粉色丝质礼服和米黄色丝质披肩，令人为之眼前一亮。

▷这是赫本在瑞士特洛施纳美丽而宁静的安息之地。

她带着巨大的疼痛从索马里的旅途归来。她飞到纽约看病，医生告诉她患上了癌症。她立马进行手术，但是病情已经恶化到晚期了。她没有选择化疗，而是急不可耐地希望返回她在瑞士的和平之邸。医生说她太虚弱不适宜长途飞行，于是她的好朋友纪梵希就请求他的委托人也是他们的共同好友邦尼·麦伦把私人飞机借给奥黛丽，纪梵希还在麦伦的飞机上摆满了她最爱的鲜花。奥黛丽和她的两个儿子就这样顺利地飞回到他们瑞士的家。那或许是她和家人在一起的最后一个假期，奥黛丽深情地把那段日子描述成"那是我度过的最幸福的圣诞节"。

1993 年 1 月 20 日，63 岁的奥黛丽·赫本，这位女演员、偶像及人道主义者在瑞士去世。那时大部分的讣告说奥黛丽患的是结肠癌，但是她儿子后来透露：事实上母亲患上的是一种罕见的阑尾癌，而且癌细胞扩散到她的胃部及全身。她被安葬在一片安宁的乡村墓地，这儿靠近在她弥留之际和罗伯特·沃德斯共同居住的美丽家园。从许多方面来讲，与罗伯特·沃德斯在一起的时光是她一生中最满足的日子。奥黛丽·赫本儿童基金会的运行，也使得她的慈善创举留存至今。

灵魂深处的优雅

"我的样貌每个人都可以塑造。每一个女人将头发盘成一个圆髻，戴上一副大墨镜，穿上一条黑裙子都会像另一个我。"——奥黛丽·赫本

除了奥黛丽·赫本，再也没有人能像她一样把握时尚界的心跳。几十年来，她轻松的时尚风格和超自然的优雅魅力为许多人提供创作灵感，比如顶级设计师休伯特·德·纪梵希、萨瓦托·菲拉格慕以及理查德·阿维顿这样的大牌摄影师，是她鼓舞着他们创造出最好的作品并致力于在作品中将赫本精神转变为艺术。

的确，在她短暂的生命中，奥黛丽接触的每个人都为她痴迷。设计师玛丽·匡特称她为"史上最时髦的女性"，纪梵希说她是"来自天堂的礼物"。与她合作的第一位演员格里高利·派克用"独一无二"来描述她。在导演史蒂芬·斯皮尔伯格的心中，她就是一位天使，两人在《直到永远》（1989）中合作，这也是奥黛丽的最后一部电影。在她去世后的二十多年，赫本作为时尚偶像的地位仍然无可替代。直到今天，她的影响力仍然发挥着余热，设计师维多利亚·贝克汉姆、演员约翰尼·德普、奥黛丽的孙女艾玛·费勒等等，这里只简单列举了一小部分名人，他们都把《蒂凡尼的

◁永远的偶像：这是 1961 年奥黛丽在《蒂凡尼的早餐》中那令人难忘的姿势，她挽着蜂窝式的高髻，拿着银色的长烟嘴，贵气十足。

△这张脸凝缩了一个时代：在1964年《巴黎假期》拍摄期间，皮耶路杰·普拉图隆为赫本拍下这张照片。

▷优雅地老去：这张照片于1988年在伦敦克拉里奇酒店拍摄，当时奥黛丽年近60。

早餐》中的她作为主要的灵感源泉。

1991 年，设计师拉夫·劳伦在林肯中心电影协会发表讲话，并向奥黛丽·赫本致敬，他代表整个行业说道："杂志编辑、时尚助理无时无刻不提起奥黛丽·赫本的名字。"如果这位苗条明星仍驱动着最新时尚，她永恒高贵的优雅将激励着全世界各地的普通粉丝，每一代人都能从她那里找到新发现。

休伯特·德·纪梵希在 2014 年《名利场》杂志中这样评论道："我不知道见过多少年轻女孩穿着小黑裙或黑色衬衫搭配紧身裤。比起奥黛丽的电影，她们似乎更喜欢她的服装，也许她们压根不知道这些电影。我也为许多其他明星设计过服装，如珍妮弗·琼斯、劳伦·白考尔、玛琳·黛德丽、伊丽莎白·泰勒……但是没人想要模仿我为他们设计的衣服。"

今天我们几乎无意识地把她的服装吸收进我们的词语和高雅的审美中，从这儿我们不难看出赫本的银幕角色和个人品位在时尚史上的地位。就如设计师迈克·柯尔所说的那样："今天的女性理所当然地穿着这些独具匠心的服饰，但是如果没有奥黛丽·赫本，她们可能就没这么幸运了。"

▷永恒的美丽：1953 年，就在奥黛丽离开伦敦前往好莱坞之前，24 岁的她拍下这张照片，那时她已经与派拉蒙电影公司签下了七年的合约。

"我从不认为自己是一个偶像，别人心目中的我不是我心目中的自己，我只是尽力做好自己的事。"——奥黛丽·赫本

　　为什么奥黛丽的形象愈加清晰，而其他明星的样子却渐渐模糊呢？她的长子西恩·赫本·费勒给出了答案："如果这些东西有永恒的价值，那是因为她相信这其中的品质。"西恩总结道："如果她仍是今天的时尚教母，那是因为她一旦找到适合自己的样貌，她会一以贯之。"

　　多年来，赫本慷慨地把她大部分精致的衣服送给家人和朋友。在她去世前不久，她将纪梵希为她设计的25套衣服打包送给了她的朋友。现在纪梵希已经九十多岁了，这位奥黛丽的好朋友及最喜爱的设计师在他巴黎的公寓里还珍藏着这些具有传奇色彩的衣服。他计划把这些衣服中最有名的作品捐赠给世界各地的博物馆，让我们多年后还可以继续享用奥黛丽·赫本留下的时尚馈赠。

△ 晚年的奥黛丽

次页▽：
奥黛丽与凯·汤普森、弗雷德·阿斯泰尔一起在巴黎埃菲尔铁塔顶上为1957年的电影《甜姐儿》拍摄舞蹈动作。

图书在版编目（CIP）数据

灵魂深处的优雅：奥黛丽·赫本传 /（英）卡洛琳
•琼斯著；曾桂娥译. — 武汉：长江文艺出版社，
2018.3（2018.9重印）
ISBN 978-7-5702-0033-7

Ⅰ.①灵… Ⅱ.①卡… ②曾… Ⅲ.①赫本（
Hepburn, Audrey 1929-1993）—传记 Ⅳ.①K835.615.78

中国版本图书馆CIP数据核字(2017)第294777号

THE LITTLE BOOK OF AUDREY HEPBURN
by
CAROLINE JONES
Copyright:©
This edition arranged with CARLTON BOOKS
through Big Apple Agency, Inc., Labuan, Malaysia.
Simplified Chinese edition copyright:
2018 Changjiang Literature and Art Publishing House
All rights reserved.

责任编辑：陈俊帆　彭姗姗　　　责任校对：陈　琪
设计制作：格林图书　　　　　　责任印制：邱　莉　胡丽平

出版：长江出版传媒　长江文艺出版社
地址：武汉市雄楚大街268号　　　邮编：430070
发行：长江文艺出版社
电话：027—87679360
http://www.cjlap.com
印刷：湖北新华印务有限公司

开本：787毫米×1092毫米　1/32　印张：5.5　插页：4页
版次：2018年3月第1版　　　2018年9月第2次印刷

定价：36.00元

版权所有，盗版必究（举报电话：027—87679308　　87679310）
（图书出现印装问题，本社负责调换）